I0707338

L'ESTAT VALENCIÀ

Josué Ferrer

Primera edició: Maig de 2009 (Edicions Mosseguello).
Segona edició: Octubre de 2012 (Amazon).
Títol: L'Estat Valencià.
Autor: Josué Ferrer.
Edició: Josué Ferrer.
Correcció: Josué Ferrer.
Portada: Mat Yan (matyan90@gmail.com).

ISBN: 9798554548406.
Depòsit llegal: V-1820-2008.

Correu-e: josueferrer7@hotmail.com

Fet en Valéncia / Made in Valencia.

ÍNDEX

Advertència. 8
Agraïments. 9
Dedicatòria. 10
Prefaci a la primera edició. 11
Prefaci a la segona edició. 15
1. Bufen vents de llibertat. 19
2. La llengua espanyola mos porta la fam. 35
3. La nàusea de ser espanyol. 43
4. El nazisme català; un càncer per a l'humanitat. 47
5. Forasters vindran que de casa mos trauran. 51
6. El complex del valencianet. 61
7. Els beneficis de l'independència. 67
8. Per qué un Estat Valencià. 89
9. Motius per a creure. 117
10. La República Democràtica de Valéncia. 127
11. Conclusions. 147
Bibliografia. 153

ADVERTÈNCIA

Este llibre està escrit en autèntica llengua valenciana, en les Normes de la Real Acadèmia de Cultura Valenciana (RACV).

Josué Ferrer

AGRAÏMENTS

A Joan Vanrell i Miquel Garau, per il·lustrar-me sobre la gran història del Regne de Mallorca.

DEDICATÒRIA

Al poble valencià.

Josué Ferrer

PREFACI A LA PRIMERA EDICIÓ

"I coneixereu la veritat i la veritat vos farà lliures".
Jesucrist (messies) (Joan 8:32).

¿Qué fa que un home passe de ser un fervorós espanyoliste a un independentiste valencià convençut? Fa uns anys yo era un nacionaliste espanyol, orgullós de la seua pàtria. La bandera d'Espanya era per a mi un símbol sagrat i em sentia profundament afortunat per la sòrt de ser hereu de la llengua, cultura i història de l'Imperi Espanyol. L'idea de l'unitat nacional d'Espanya era per a mi una obsessió i els separatistes catalans i vascs uns enemics de la pàtria als que calia combatre per la seua desllealtat. Pero en el pas del temps aní donant-me conte de coses. Per eixemple de que l'existència de separatistes era una conseqüència natural de l'existència de separadors. O que era l'Estat Espanyol el deslleal en algunes de les regions que el componien i no al revés. Eixe era el trist cas de la meua fidel i menyspreada terra.

Vaig obrir els ulls i em doní conte de que no sols era espanyol, sino també valencià. I veïa els agravis i les traïcions que feya Espanya a Valéncia i no m'agradava. Poc a poc, passí de sentir-me únicament espanyol a més espanyol que valencià, en acabant igual d'espanyol que valencià; més valencià que espanyol i actualment em sent únicament valencià. Sempre he cregut en que cal estar tots units perque l'unió fa la força. Pero l'unió deu ser des de la fraternitat i l'honor. Perque si l'unió supon haver d'aguantar traïcions, desllealtats, humiliacions i punyalades per l'esquena dels teus

11

compatriotes en eixe cas no té cap sentit eixa unitat. Per a estar junts i mal avinguts és molt millor viure separats i en cordialitat, com pobles veïns. És per açò que aposte per separar-mos d'Espanya: perque mai podrem viure tranquils ni tindre pau estant dins d'ella.

Espanya mos ha traïcionat. No té cap sentit ofrenar noves glòries a un país que mos impon el català en les escoles i mos diu que ni una gota d'aigua per als valencians. Hui el càncer catalaniste que mos devora ve fonamentalment via Madrit perque els valencians sempre pensem en l'interés general d'Espanya abans que en l'interés particular de Valéncia i per això votem en clau espanyola. I els partits estatals són mers emissaris dels interessos de Madrit. No mos donem conte de que Espanya està tractant a Valéncia com si fora una bagassa que se subasta al millor postor, està servint als catalans el nostre cap tallat en fritera de plata, a vore si aixina conseguix aplacar els seus objectius secessionistes. L'espanyolisme no sols no és un aliat del valencianisme en contra del catalanisme, sino que és un aliat del catalanisme en contra de Valéncia.

Hi ha qui pensa que l'enemic és Catalunya. I efectivament, ho és. Pero el principal foc de catalanisme és Espanya. No mos enganyem: quan el PSOE[1] -en majoria absoluta- posà el català en les escoles en 1983 i el PP[2] -en majoria absoluta- posà la catalanista Acadèmia Valenciana de la Llengua (AVL) dins de l'Estatut en 2006 ho feren perque no els importem res. Hi haurà persones que encara no s'han llevat la bena dels ulls i que fan responsable d'açò a una llei electoral que permet que els partits com CIU[3] o ERC[4] facen

---

[1]   Partit Socialiste Obrer Espanyol (PSOE).
[2]   Partido Popular (PP).
[3]   Convergència i Unió (CiU).
[4]   Esquerra Republicana de Catalunya (ERC).

chantage als partits estatals. Pero si els espanyolistes mos inoculen el català en una demolidora majoria absoluta i sense pressió del nacionalisme català ya no hi ha excuses: és que la traïció és total. Els valencians no mos mereixem este país i Espanya no es mereix tindre al noble, fidel i lleal poble valencià dins d'ella.

I no parle només dels polítics. Parle de la prensa, que sempre que menciona al valencianisme és per a calumniar-lo de ser l'extrema dreta. Parle dels *intelectuals* (Real Acadèmia Espanyola (RAE), Biblioteca Nacional...), que preferixen aliar-se en els catalanistes que volen desterrar l'espanyol de les escoles abans que en els valencians, que sempre hem segut respectuosos en la llengua de Miguel de Cervantes. Parle de la societat civil; la d'eixos aragonesos i manchecs -als que estem pagant les pensions- que mos bramen que ni una gota d'aigua per als valencians perque preferixen que els excedents dels rius es perguen en la mar a compartir-los en mosatros. Parle de tota la gent que porta vivint 50 anys ací i que no es molesta ni tan sols en dir "bon dia" en valencià, quan li hem donat la prosperitat que li ha negat la seua terra natal.

Mos espenten a ser independentistes. Perque quan el teu propi país et traïciona, sols resta l'independència. I el problema no és la llei electoral o el govern o els polítics o els pancatalanistes o el règim o qualsevol atra circumstància. No. El problema és Espanya. Sempre ha segut igual: en el sigle XVIII, XIX, XX o XXI, ab la monarquia i ab la república, ab la dictadura i ab la pseudodemocràcia, ab la dreta i ab l'esquerra... Valéncia sempre ha segut lleal a Espanya i Espanya sempre l'ha recompensada en la traïció. En tot moment i lloc... sempre mos han venut. Tan sols l'independència és l'únic recurs que mos pot salvar de la dominació política, l'explotació econòmica i la substitució llingüística i cultural que patim els valencians. Només dotant-mos d'un Estat sobirà podrem sobreviure al genocidi cultural al que Espanya mos somet.

Sé que esta és una obra atípica. Mentres que en Euskadi, Catalunya o Galícia trobes llibres que parlen obertament de l'independència, ací en lo Regne sembla com si fora un tabú i com a molt es parla de nacionalisme i de forma molt suau. "Ningú pot servir a dos senyors; perque avorrirà a u i amarà a l'atre; o be s'entregarà a u i despreciarà a l'atre" (Mateu 6:24). Són paraules de Jesucrist, fill de Deu i redentor de l'humanitat. En aquella ocasió es referia a l'incompatibilitat de servir al mateix temps a Deu i als diners. Mos hauríem de preguntar també si una persona pot servir a dos pàtries ací en la Terra: si es pot servir a Espanya i al Regne de Valéncia i amar-les per igual. Especialment si tenen uns interessos plenament contraposts. No es pot tindre dos senyors, com no es pot tindre dos pàtries. Que cadascú trie lliurement la seua.

Josué Ferrer.
Maig de 2009.

Josué Ferrer

PREFACI A LA SEGONA EDICIÓ

"Preferixc molestar en la veritat a adular en la mentira".
Lucio Anneo Séneca (pensador).

He aprofitat esta segona edició per a introduir alguns canvis significatius en l'obra: el primer d'ells és que este llibre serà publicat de forma electrònica, aprofitant aixina les noves tecnologies que mos òbrin les portes de l'edició del futur. El segon és l'adaptació de l'obra a l'accentuació de la Real Acadèmia de Cultura Valenciana (RACV), cosa que no ha costat gens ya que fon escrita originalment d'esta manera (encara que finalment va vore la llum en l'accentuació diacrítica). El tercer canvi és l'introducció d'un nou capítul a on parle dels antecedents de l'Estat Valencià. I per últim he actualisat algunes senyes, ampliat informacions i corregit erros encara que sé que sempre se pot escapar algun que atre per la senzilla raó de que som sers humans.

Vullc aprofitar l'ocasió per a advertir que les crítiques expostes en el llibre no van contra una raça, un color de pell, una cultura o un lloc de naiximent. No, es dirigixen cap a una mentalitat, una forma de vida, un estil de fer les coses. Una raça i una mentalitat es diferencien tant com un elefant d'un automòvil, aixina que aquell llector que les confonga o be no ha entés res en absolut o be simplement tracta de manipular les meues paraules. Sé molt be que són crítiques dures i de fet estan escrites en un ànim d'ofendre, per lo que entenc que molta gent puga sentir-se molesta. Pero dites crítiques són totes certes. O com a mínim, ningú ha segut capaç de desmontar-les ni m'ha acusat de mentirós. Només són veritats que la gent no vol sentir. I la veritat, per molt dura que siga o que ofenga, continua sent la veritat. I la veritat vos farà lliures.

Des de que es publicà la primera edició d'este llibre en maig de 2009 els acontenyiments no han fet sino donar-me la raó. La sentència del 22 de juliol de 2010 del Tribunal de La Haya en el cas Sèrvia contra Kosovo fon històrica: la declaració unilateral d'independència d'un territori és un acte polític, no un de jurídic, per lo que, d'acort al dret internacional, no pot considerar-se illegal. L'independència de Kosovo el 17 de febrer de 2008 s'ha vist ratificada i ara obri les portes a un nou escenari internacional de previsibles conseqüències. A partir d'ara ya no hi ha cap obstàcul llegal per a que un poble proclame la llibertat. La llau d'independentismes continua i continuarà en els pròxims anys. Sense anar més llunt, en 2011 naixqué Sudan del Sur. I en este 2012 Azawad. Per descontat, no serà l'última volta que passe.

És este el primer llibre independentiste publicat en tota l'història del Regne de Valéncia. Mai abans en l'història d'este país algú s'havia atrevit a anar tan llunt. Molts autors anteriors parlaren de "nacionalisme" de forma tan ambigua que a sovint servia per reclamar més autonomia pero sense trencar lligams en l'Estat Espanyol. Uns atres -d'arraïl pancatalanista- varen associar malintencionadament "independència" a que els valencians deixem de dependre de Madrit per a que passem a dependre de Barcelona. Cal començar a parlar d'autèntica independència. Continuar vivint dins del mateix Estat junt a dos pobles que mos volen destruir com són castellans i catalans és com creuar-se de braços front a la metàstasis d'un càncer. A voltes, per dur que siga, no queda més remei que amputar. O mos independisem o deixem d'existir.

Soc plenament conscient de que el sentiment independentiste en Valéncia és molt minoritari. Pero també de que hi ha algunes nacions, a les que denomine punta de llança, que òbrin la porta de la llibertat a unes atres i que arrosseguen inclús a les que en un principi eren reticents a separar-se. Estats Units fon la punta de llança que animà a emancipar-se a les pàtries americanes. Lituània, la punta de llança que inicià el desmembrament de l'Unió Soviètica. En Yugoslàvia la punta de llança fon Eslovènia. D'igual forma, la secessió d'Euskadi i Catalunya pot iniciar un efecte dòmino sobre unes atres nacions de l'Estat. ¿És impossible una Valéncia independent? Coses més difícils hem vist, com que Israel, despuix de 2.000 anys, torne a existir. El pare del sionisme, Theodor Herzl, somiava en un Estat judeu[5] [6]. Yo somie en un Estat Valencià.

---

[5]   *L'Estat judeu* de Theodor Herzl, publicat en 1896, anticipà la creació de l'Estat d'Israel que finalment es concretà en 1948.

[6]   Nota d'estil: Les referències bibliogràfiques que es citen a lo llarc de l'obra presenten els seus títuls en valencià inclús encara que no dispongam d'una traducció valenciana en estos moments de l'història. Açò es fa a propòsit ya que entenc que si la nostra fora una societat normal, o millor dit el dia que la nostra societat arribe a ser normal, tots els grans llibres estrangers estaran traduïts a la llengua valenciana. Posar els títuls en valencià és un acte reivindicatiu, encara que per al llector present ha de tindre clar que, si vol ampliar informació, en molts casos haurà de consultar una versió en castellà o en anglés. Aixina, a dia de hui podem llegir *El Estado judío* o *The Jewish State* de Theodor Herzl, pero no la traducció valenciana que esperem sí es trobe disponible en un futur. D'una atra banda, els titulars dels artículs periodístics es mantenen en la seua versió original. Per a qualsevol dubte sobre el títul original d'una obra, consulte la secció de Bibliografia.

L'Estat Valencià

M'és igual que em diguen visionari, foll, utòpic o somiador: crec en un Estat Valencià independent. Valéncia té la seua realitat i el joc democràtic de les majories la coloquen exactament a on els seus naturals han decidit colocar-la. Ningú sap de qué està fet el futur ni quina serà la reacció dels valencians quan passen a ser l'autonomia en més dèficit fiscal d'una Espanya on ya no estarà Euskadi o Catalunya, o quan vegen que Catalunya passa a ser u dels Estats més rics d'Europa, en una renda per càpita que s'acosta a l'holandesa mentres els valencians continuem empobrint-mos dins d'Espanya. Pero inclús en este cas, qui haurà de decidir el seu propi destí serà el poble valencià en el joc democràtic de les urnes. Tinc un somi: que algun dia Valéncia recobre l'independència nacional que mai degué haver perdut i tot torne a ser com era abans.

Josué Ferrer.
Octubre de 2012.

Josué Ferrer

1. BUFEN VENTS DE LLIBERTAT

"Els pobles que obliden la seua història, les seues tradicions, sa llengua i els seus símbols estan condenats a afonar-se en la pols de la seua història".
Joseph Ernest Renan (erudit).

1.1. EL FANTASMA DELS NACIONALISMES.

Un fantasma recorre el món: el fantasma dels nacionalismes. A partir de la caiguda del Mur de Berlín i el derrocament de l'Unió Soviètica, els pobles oprimits de l'humanitat han alçat la veu per a reclamar un Estat propi. El punt i final a la Guerra Freda, que durant décades aterrorisà al món, ha donat pas a un nou escenari en la geopolítica internacional; una explosió de nacionalismes ètnics que s'obri pas a través dels caducs Estats que s'han constituït per la força de les armes i contra la voluntat popular. Des d'Amèrica fins a Àsia, des d'Europa fins a l'Antàrtida. Des de Quebec o Santa Cruz fins a Taiwan o Tíbet, des de les Illes Feroes o Flandes fins al Pol Sur passant per Somalilàndia o Puntlàndia, tots els pobles en consciència identitària pròpia lluiten pels seus drets nacionals i per atényer un Estat propi en un futur pròxim. Bufen vents de llibertat i els valencians hem d'estar ahí per a reivindicar l'independència nacional que no deuríem haver perdut mai.

No pocs s'han llançat a analisar est abrupte fenomen. El filòsof Fernando Savater sosté que a l'igual que Espanya fon un camp d'experimentació en els anys 30 a on esclatà una guerra que més tart es trasllladà al continent per efecte contagi, ara podria tornar a repetir-se l'història pero en el fenomen nacionaliste. Si Euskadi conseguix l'independència podria produir-se un efecte dòmino en Europa que afectaria a unes atres nacions sense Estat per lo que passaríem a lo que ell denomina l'Europa de les tribus i al final de l'Unió Europea (UE). Em pareix una visió massa apocalíptica; no crec que la UE desaparaguera, de fet l'Europa dels pobles podria gojar de més equilibri i fermea que la dels Estats que tenim ara. L'inestabilitat de fet la produïx mantindre per la força de les armes uns Estats vetusts que es troben sumits en conflictes interns de forma perenne degut a que els seus habitants no es veuen representats per una bandera que no senten com a seua.

Els comunistes asseguren que l'auge dels nacionalismes que bull en tota Europa no és casual; que es tracta d'un "incendi provocat"[7]. Algú es trobaria molt interessat en que una sèrie de pobles s'independisaren (Galícia, Euskadi, Catalunya, Bretanya, Còrsega, Escòcia, Padània...) i per tant estaria fomentant estos moviments de lliberació nacional i finançant-los des de les ombres. Tal incendi provocat seria obra d'un piróman: Alemanya. Si es produïx la ruptura d'Espanya, França, Itàlia i Gran Bretanya, Alemanya seria l'únic Estat fort d'Europa Occidental i els demés països menuts serien satèlits en l'òrbita de l'astre-rei alemà. Sense grans potències que pogueren actuar de contrapés, Berlín podria consolidar la seua hegemonia política, comercial i econòmica sobre el continent. A canvi, tots estos sofrits pobles podrien espolsar-se de damunt l'opressió dels seus actuals Estats colonisadors i configurar-se com a nacions lliures per fi.

Berlín no seria l'únic beneficiat de que ocorreguera açò. En Washington miren en recel l'enrobustiment d'una Unió

---

[7]   Albacete, J. *Un incendio provocado. De Verdad.* Maig de 2001.

Europea que supera en PIB nominal a Estats Units, Japó i China. Per això els nortamericans han colocat una bomba de rellongeria en el cor d'Europa que pot fer volar pels aires el mapa continental. L'independència unilateral de la província sèrvia de Kosovo en 2008 en l'aval d'Estats Units i uns atres països sense el vist i plau de l'Organisació de Nacions Unides (ONU) assenta un precedent jurídic de conseqüències previsibles. Si obtindre l'independència és tan senzill com que un territori la declare unilateralment perque conta en el llistat d'una vintena de nacions dispostes a reconéixer la seua sobirania, els vetusts i anquilosats Estats europeus als que tant els agrada avassallar a les minories culturals i ètniques mai més podran tornar a eixercir sobre les seues fronteres un control verdaderament real.

No sols hi ha Estats sobirans que amussen els nacionalismes, sino també èlits banqueres i empresarials que estan per la construcció d'una nova pàtria sense llastres que impedixquen que l'economia s'envole. Els professionals i les classes miges de Padània (una de les regions més pròsperes del planeta) estan més que farts de finançar a un sur italià mafiós i subdesenrollat acostumat a viure de les subvencions. Paregut ocorre en els flamencs, que en acabant d'haver segut considerats històricament uns "camperols que parlen el dialecte dels incults", ara es neguen a mantindre a uns valons vinguts a menys que durant centúries s'han burlat d'ells. I les burguesies vasca i catalana volen tallar en l'espoli fiscal que supon haver de finançar pels sigles dels sigles a unes regions depauperades i parasitàries (Extremadura, Andalusia, etc.) que han donat sobrades mostres d'una incapacitat manifesta per a poder desenrollar-se i viure de la seua pròpia suor.

L'Estat Valencià

Des de la caiguda del Mur de Berlín (1989) fins al moment en que escric estes llínies (2012) han sorgit trentaú nous Estats independents. Trentaú Estats en només dos decenis. Una mija de més d'un país nou per any. Pero parle únicament dels que han segut reconeguts per la comunitat internacional (vore document 1.3), a la qual cosa cal sumar aquells pobles que s'han constituït en Estats independents, que en la pràctica funcionen com a tals, pero que no apareixen en cap mapa puix no tenen el reconeiximent oficial de cap nació (document 1.4). Estic parlant de Transnístria (en Moldàvia), L'Alt Karabaj (en Azerbaijan), Somalilàndia i Puntlàndia (en Somàlia), els Estats Federats de Shan (en Birmània)... Per tant, si als Estats reconeguts oficialment els sumàrem els que no ho han segut encara pero que en la pràctica funcionen en una total autonomia, mos resulta una sifra espectacular: vora quaranta noves nacions independents en a penes una vintena d'anys.

Pero la cosa no acaba ahí. Estan pendents els casos de Quebec, Sàhara Occidental, Flandes, Escòcia, Euskadi o Tíbet entre uns atres. Tot açò no és cap casualitat. Vivim una conjuntura internacional que és favorable ad este fenomen. Grans poders fàctics impulsen este maremot independentiste. S'acosten vents propicis per a l'independència de Valéncia. Que ningú s'enganye: Espanya és un Estat artificial i té els dies contats. Els seus governants, uns socialistes autoproclamats espanyols i uns populars que bramen que es trenca Espanya, són els primers que de forma larvada estan fomentant els separatismes en Galícia, Euskadi, Navarra, Catalunya, Valéncia o Illes Balears. ¿Es pensen que açò els eixirà debades? ¿Si ni tan sols els mandataris estatals es creuen Espanya quin sentit té que ho fem els seus habitants? Espanya és un Estat de malensomi, una nació digna del museu dels horrors. Per tant, com més pronte posem fi ad esta agonia millor per a tots.

En el context d'Europa Occidental el dia que els vascs donen un sí clar a l'independència en una consulta popular, per molt illegal que esta siga, continuarà tenint un pes democràtic i moral enorme. Ara els Estats ya no poden traure tancs als carrers per a esclafar als civils. Els temps de la Primavera de Praga ya han passat. El govern que s'atrevira a llançar als militars contra els seus ciutadans es cavaria la tomba perque al dia següent tots els telediaris del món el tildarien de genocida. Sometre a un poble per la força bruta ya no és possible. No en Europa Occidental. No en l'era d'internet, de les telecomunicacions i de la prensa. Cada dia més les fronteres es decidiran de forma civilisada, pacífica i democràtica, que és com ha de ser. I d'igual forma que vintisset Estats decidixen voluntàriament conformar una realitat superior (la UE), també la gent té el dret de dividir voluntàriament un Estat en varis: cas de Checoslovàquia, Sèrvia i Montenegro, etc.

L'ona independentista recorre tot el continent. En el cas hipotètic d'una secessió vasca o catalana en l'Espanya del café per a tots serien més les peces del tauler que es mourien. A Euskadi, Catalunya o Galícia se'ls podrien sumar Valéncia, Balears, Andalusia, Canàries... Hi ha molts territoris en un potencial separatiste latent que si no ha despertat encara perfectament podria fer-ho en un futur. Sobretot quan les autonomies que es queden dins de l'Estat vegen que a les que s'han emancipat els va millor. Una bestial ona independentista es dirigix a les nostres costes. ¿Estarem els valencians a l'altura de les circumstàncies? ¿O arribarem tart com mos passà en la II República en que la Guerra Civil mos privà d'Estatut? ¿O com en la transició en la que Valéncia conseguí l'autonomia per la via normal de l'artícul 143 de la Constitució i no per la via especial del 151? Vents de llibertat s'acosten al nostre país... Ya és hora d'issar les veles i traure la barca a la mar.

1.2. DECLARACIONS D'INDEPENDÈNCIA.

El fantasma dels nacionalismes que està esperonant les consciències del món és tan fort que, des de la caiguda del Mur de Berlín en l'any 1989 que anunciava el final imminent de la Guerra Freda, són decenes les nacions que han declarat la seua independència per a espolsar-se de damunt les cadenes de l'opressió. No obstant, la fortuna les ha somrist de formes distintes. Hi ha un primer grup de països (vore document 1.3) que han obtingut el reconeximent de la comunitat internacional, per lo que són Estats independents de iure o de ple dret. Una segona classificació (document 1.4) engloba als Estats que són sobirans en la pràctica pero que no són reconeguts internacionalment: es tracta per tant d'una independència de facto o de fet. El tercer llistat (document 1.5) fa referència a aquells Estats que foren independents (de fet pero no de dret) un temps pero que al final perderen la sobirania ya que foren novament anexionats per un tercer país.

1.3. DECLARACIONS D'INDEPENDÈNCIA (DE IURE I DE FACTO) D'ESTATS RECONEGUTS PER LA COMUNITAT INTERNACIONAL (SENYES DE 2012)[8].

1990.
-Namíbia. 21 de març de 1990 (de Suràfrica).

1991.
-Geòrgia. 9 d'abril de 1991 (de l'Unió Soviètica).
-Eslovènia. 25 de juny de 1991 (de Yugoslàvia).
-Croàcia. 25 de juny de 1991 (de Yugoslàvia).
-Estònia. 20 d'agost de 1991 (de l'Unió Soviètica).
-Letònia. 21 d'agost de 1991 (de l'Unió Soviètica).
-Ucrània. 24 d'agost de 1991 (de l'Unió Soviètica).

---

[8] A sovint resulta complicat determinar la data d'independència d'una nació. Per eixemple, es considera que Lituània fon la primera de les repúbliques ex-soviètiques en segregar-se de l'Unió Soviètica. Proclamà l'independència el dia 11 de març de 1990 pero Moscou no acceptà i envià als militars a sofocar l'insurrecció. El 4 de febrer de 1991 Islàndia fon el primer país en reconéixer a Lituània. No obstant, la sobirania no fon reconeguda internacionalment fins al 6 de setembre de 1991. Quan la secessió no és consensuada per les dos parts implicades, lo normal és que transcórrega un cert temps entre la data de proclamació de l'independència (que sol ser més teòrica i simbòlica que una atra cosa) i la data a on es concreta la plasmació real de la mateixa al ser acceptat el nou Estat per la Comunitat Internacional. En uns atres casos pot haver fins a tres dates diferents per a un mateix acontenyiment (la del referèndum d'autodeterminació, la de la proclamació oficial en el Parlament i la del reconeiximent internacional). A voltes eixes tres coses poden ocórrer totes juntes en un sol dia, o be en dos diferents o inclús en tres, per la qual cosa és molt difícil triar un dia exacte. Mosatros mos acollirem sempre a la data en la que el país obté no una independència teòrica sino real.

-Rússia. 24 d'agost de 1991 (de l'Unió Soviètica).

-Bielorrússia. 25 d'agost de 1991 (de l'Unió Soviètica).

-Moldàvia. 27 d'agost de 1991 (de l'Unió Soviètica).

-Azerbaijan. 30 d'agost de 1991 (de l'Unió Soviètica).

-Kirguizistan. 31 d'agost de 1991 (de l'Unió Soviètica).

-Uzbekistan. 1 de setembre de 1991 (de l'Unió Soviètica).

-Lituània. 6 de setembre de 1991 (de l'Unió Soviètica)[9].

-Macedònia. 8 de setembre de 1991 (de Yugoslàvia).

-Tajikistan. 9 de setembre de 1991 (de l'Unió Soviètica).

-Armènia. 21 de setembre de 1991 (de l'Unió Soviètica).

-Turkmenistan. 27 d'octubre de 1991 (de l'Unió Soviètica).

-Ossètia del Sur. 28 de novembre de 1991 (de Geòrgia).[10]

---

[9] Lituània fon la primera república soviètica en proclamar una declaració d'independència. Fon el 11 de març de 1990, pero eixe pronunciament, més teòric que una atra cosa, no es plasmaria en una realitat palpable fins passat un any. Els lituans obriren la caixa de Pandora i la seua declaració desencadenà un espectacular efecte dòmino en el continent europeu que finalment acabaria desintegrant l'Unió Soviètica primer, i Yugoslàvia i Checoslovàquia en acabant.

[10] L'història d'Ossètia del Sur és complicada, en una sèrie de declaracions d'autonomia primer, d'independència més tart i d'anexió per últim que fins a 2008 no han segut reconegudes en el context internacional. El 10 de novembre de 1989 Ossètia de Sur es proclama república autònoma dins de Geòrgia, que a la seua vegada estava dins de l'Unió Soviètica. El 20 de setembre de 1990 Ossètia del Sur es proclama república democràtica soviètica dins de l'Unió Soviètica pero fòra de Geòrgia. El 28 de novembre de 1991 se proclama Estat independent. El 19 de giner de 1992 la majoria del poble vota en referèndum la seua voluntat de separar-se de Geòrgia, ser anexionats per Rússia i unir-se a la regió russa d'Ossètia del Nort. El 12 de novembre de 2006 se fa un atre referèndum a on els surossetes ratifiquen lo ya votat en 1992; el recolzament popular és del 99%. Des de 1991 a 2008 ha segut un Estat independent de facto no reconegut per la comunitat internacional que tingué vàries guerres en Geòrgia i que resistí gràcies a l'ajuda militar russa. En acabant de

-Kazakstan. 16 de decembre de 1991 (de l'Unió Soviètica).

<u>1992.</u>

-Bòsnia-Herzegovina. 5 de març de 1992 (de Yugoslàvia).
-Abjàsia. 23 de juliol de 1992 (de Geòrgia)[11].

<u>1993.</u>

-Chèquia. 1 de giner de 1993 (de Checoslovàquia).
-Eslovàquia. 1 de giner de 1993 (de Checoslovàquia).
-Eritrea. 24 de maig de 1993 (d'Etiopia).

<u>1994.</u>

-Palau. 1 d'octubre de 1994 (d'Estats Units)[12].

la Guerra russo-georgiana (2008), el 26 d'agost de 2008 Rússia reconegué a Ossètia del Sur i Abjàsia com a Estats sobirans de ple dret. No es pot descartar que Ossètia del Sur puga ser anexionada per Rússia en el futur.

[11] Abjàsia es declarà independent de Geòrgia pero membre integrant de l'Unió Soviètica el 23 d'agost de 1990 encara que esta declaració fon boicotejada pels polítics georgians. Geòrgia s'independisà de l'Unió Soviètica en 1991, en Abjàsia com una regió georgiana. El 23 de juliol de 1992, Abjàsia es proclama Estat independent i es separa de Geòrgia. Des de 1992 a 2008 existí com un Estat independent de facto no reconegut per la comunitat internacional que tingué vàries guerres en Geòrgia i que resistí gràcies a l'ajuda militar de Rússia. En acabant de la Guerra russo-georgiana (2008), el 26 d'agost de 2008 Rússia reconegué a Abjàsia i Ossètia del Sur com a Estats sobirans de ple dret.

[12] Palau és un Estat lliure associat als Estats Units d'Amèrica des de 1994. Esta figura es pot contemplar com una espècie de semi-independència. Unes atres nacions associades a Estats Units són Puerto Rico (des de 1952), Estats Federats de Micronèsia, Illes Marshall o Illes Marianes del Nort (les tres des de 1986). La primera fon Filipines (de 1935 a 1946), pero al final els filipins es decantaren per la sobirania plena i tallaren l'associació ab Estats Units.

L'Estat Valencià

2002.
-Timor Oriental. 20 de maig de 2002 (d'Indonèsia).

2006.
-Sèrvia. 3 de juny de 2006 (de Sèrvia i Montenegro).
-Montenegro. 3 de juny de 2006 (de Sèrvia i Montenegro).

2008.
-Kosovo. 17 de febrer de 2008 (de Sèrvia).

2011.
-Sudan del Sur. 9 de juliol de 2011 (de Sudan).

1.4. DECLARACIONS D'INDEPENDÈNCIA (DE FACTO) D'ESTATS NO RECONEGUTS PER LA COMUNITAT INTERNACIONAL (SENYES DE 2012).

1990.
-Transnístria. 2 de setembre de 1990 (de Moldàvia).

1991.
-L'Alt Karabaj. 10 de decembre de 1991 (d'Azerbaijan).
-Somalilàndia. 18 de maig de 1991 (de Somàlia)[13].

---

[13] Somàlia s'ha convertit en un Estat fantasma que ya només existix en els mapes. A les independències de facto de Somalilàndia (1991) i Puntlàndia (1998) caldria sumar numerosos Estats autoproclamats autònoms dins de Somàlia, com per eixemple Jubalàndia (1998), Somàlia Suroccidental (2002), Gamudug (2006) o Maajir (2007). Actualment, estos territoris es conformen en l'autonomia dins de Somàlia pero no pot descartar-se una futura independència de facto.

1998.

-Puntlàndia. 23 de juliol de 1998 (de Somàlia).

1999.

-República d'Ambazònia. 31 de decembre de 1999 (de Camerun).

2005.

-Estats Federats de Shan. 17 d'abril de 2005 (de Birmània)[14].

2006.

-Emirat Islàmic de Waziristan. 5 de setembre de 2006 (de Pakistan)[15].

2012.

-Azawad. 6 d'abril de 2012 (de Mali).

---

[14] Certs sectors shan en l'exili declararen l'independència nacional en 2005, pero esta fon rebujada per la majoria d'ètnies de l'Estat Shan. No obstant, és un Estat de facto puix són les guerrilles, i no l'Estat Birmà, qui controlen la regió.

[15] L'Emirat Islàmic de Waziristan és una organisació rebel que alguns analistes apunten a que va rebre un reconeiximent de facto del Govern de Pakistan quan este fon nomenat com part en l'acord de Waziristan, segons el qual el Govern d'Islamabad i les tribus rebels de la regió posaven fi a la mai declarada Guerra de Waziristan el 5 de setembre de 2006. Encara que teòricament pertany a Pakistan, l'Emirat de Waziristan està controlat pels senyors de la guerra locals, en estret contacte en els taliban. La falta de control de Pakistan sobre la regió feu que el *Wall Street Journal* (19-9-2006) parlara "d'un Estat dins d'un Estat". Aixina i tot, no hi ha unanimitat a l'hora de considerar-lo un Estat de facto.

1.5. ESTATS QUE FOREN INDEPENDENTS (DE FACTO) PERO QUE PERDEREN LA SEUA SOBIRANIA (SENYES DE 2012).

<u>Amèrica.</u>

-Artibonite. Independent de facto en 2004 (actualment part d'Haití).

<u>Europa.</u>

-Tatarstan. Independent de facto entre 1990 i 1994 (actualment part de Rússia)[16].

-Gagaúsia. Independent de facto entre 1990 i 1994 (actualment part de Moldàvia).

-República Sèrvia de Krajina. Independent de facto entre 1991 i 1995 (actualment part de Croàcia).

-República Croata de Bòsnia-Herzegovina. Independent de facto entre 1992 i 1994 (actualment part de Bòsnia-Herzegovina).

-República Sèrvia de Bòsnia-Herzegovina. Independent de facto entre 1992 i 1995 (actualment part de Bòsnia-Herzegovina).

-República Occidental de Bòsnia. Independent de facto entre 1993 i 1995 (actualment part de Bòsnia-Herzegovina).

-Bihac. Independent de facto entre 1994 i 1995 (actualment part de Bòsnia-Herzegovina).

---

[16] El 30 d'agost de 1990, Tatarstan anuncià la sobirania en la Declaració de la Sobirania Estatal de la República Socialista Soviètica Tàrtara. El 21 de març de 1992 Tatarstan feu un referèndum d'autodeterminació. El 62% de la població votà a favor de la nova constitució independentista pero a causa de les amenaces del Govern rus, el 15 de febrer de 1994 se firmà un tractat bilateral que consistix en la creació d'una República Tàrtara dins de la Federació Russa.

-Chechènia. Independent de facto entre 1996 i 1999 (actualment part de Rússia).

Àfrica.

-Mohéli. Independent de facto entre 1997 i 1998 (actualment part de Comoros).

-Anjouan. Independent de facto entre 1997 i 2002, i entre 2007 i 2008 (actualment part de Comoros).

-Jubalàndia. Independent de facto entre 1998 i 2001 (actualment part de Somàlia).

Àsia.

-Nakhchivan. Independent de facto en 1990 (actualment part d'Azerbaijan)[17].

-Tamil Eelam. Independent de facto entre 1990 i 2009 (actualment part de Sri Lanka).

-Regió Autònoma Kurda. Independent de facto entre 1991 i 2003 (actualment part d'Iraq).

-Adjara. Independent de facto entre 1991 i 2005 (actualment part de Geòrgia).

-República Autònoma de Talysh-Mughan. Independent de facto en 1993 (actualment part d'Azerbaijan).

Oceania.

-República de Salomó del Nort. Independent de facto entre 1990 i 1997 (actualment part de Papua-Nova Guinea)[18].

---

[17] Nakhichivan fon la primera regió de l'Unió Soviètica en declarar la seua independència, alvançant-se en uns mesos a Lituània. No obstant, la seua sobirania durà molt poc puix als pocs dies fon anulada. Hui és una regió azerbaijana més.

[18] La República de Salomó del Nort, també coneguda com República de Bougainville i República de Meekamui, està pendent de votar la seua lliure determinació. S'independisà de Papua-Nova Guinea entre

1.6. CONCLUSIONS.

A sovint els espanyolistes diuen que no té sentit reclamar l'independència d'un territori; que hui els països tendixen a unir-se i no a separar-se i que eixes mentalitats decimonòniques obedixen a moviments nacionalistes romàntics propis d'una atra época. Pero només en 2008 Estats Units ha reconegut l'independència de Kosovo, Rússia la d'Ossètia del Sur i Abjàsia, i Dinamarca el dret d'autodeterminació de Groenlàndia. No estem parlant del sigle XIX, sino de 2008. Potser qui deuria plantejar-se si encara està vivint en el sigle XIX és tot aquell individu que creu que hui les fronteres d'un país són inamovibles per ser un destí en lo universal o la reserva espiritual d'Occident. Pensar aixina sí que és decimonònic. Tots els pobles tenen dret a l'autodeterminació cultural -els secessionistes catalans feren us d'ella al separar el dialecte català de l'idioma llemosí[19]- pero també a l'autodeterminació nacional; i l'era dels nacionalismes correspon als temps de hui.

Des de la caiguda del Mur de Berlín (en 1989) fins al moment en que escric açò (2012) han passat dos décades. En este temps han sorgit trentaú Estats independents reconeguts i huit que no tenen reconeximent de la comunitat internacional pero que en la pràctica són països plenament independents. Ad això se li deuria sumar un llistat d'Estats

---

1975-1977 i entre 1990-1997. Despuix d'anys d'agres enfrontaments i tenses negociacions, en 2005 entrà en vigor un estatut que concedix una ampla autonomia a l'illa i que contempla un referèndum de lliure determinació en un determini d'entre 10 i 15 anys.

[19] La llengua catalana -com a tal- té a penes 100 anys de vida. No fon fins al I Congrés de la Llengua Catalana (1906) en la que el català abandonà sa condició de dialecte per a adquirir de forma oficial l'estatus de llengua independent per primera volta en la seua història. Fins aquell moment el català era considerat un simple dialecte de les llengües d'Oc.

fallits; és dir, de nacions que han segut lliures durant uns pocs anys pero que han segut novament anexionades per alguna pàtria i han perdut la seua sobirania. Si sumem trentaú Estats independents de ple dret més huit Estats independents de fet més díhuit Estats que han segut temporalment independents, el resultat és que en tan sols dos décades han aparegut cinquantasset nacions noves, de les quals trentanou continuen i díhuit han desaparegut. La conjuntura internacional resulta favorable a la constitució d'un futur Estat Valencià i a l'independència del nostre país.

Josué Ferrer

2. LA LLENGUA ESPANYOLA MOS PORTA LA FAM

"És la llengua valenciana la primera llengua romanç lliterària d'Europa, en uns clàssics dels quals no sols deprengueren catalans sino inclús castellans".
Ramón Menéndez Pidal (escritor i erudit espanyol).

2.1. UNA MENTALITAT IMMOVILISTA.

Senya objectiva: en tots els territoris a on hi ha un poble que parla espanyol hi ha pobrea. I això s'accentua en els llocs a on es parla el castellà de forma exclusiva, monolingüe. Les dèneu nacions d'Hispanoamèrica són totes tercermundistes. Igual que Guinea Equatorial. Els hispans d'Estats Units són els agranadors, els femeters i les criades domèstiques d'allà. Espanya és un Estat pobre en el context de l'Unió Europea (UE) i damunt, les zones més deprimides solen ser aquelles a on el castellà no cohabita en cap atre idioma. ¿És tot una enorme casualitat? ¿O més be hi ha una causa que genera tot açò?

En Amèrica, en Europa o Àfrica, el castellà és una parla íntimament lligada al subdesenroll. ¿És casual que l'espanyol haja afonat als seus parlants en tres continents distints? El problema en sí no és l'idioma. No és tan simple com dir per eixemple que si parles japonés et convertixes automàticament en millonari, puix si aixina fora tot lo món ho estudiaria. Pero és obvi que en general les persones que parlen japonés tenen una mentalitat concreta: són treballadores, tenen un alt concepte de l'honor i la vellea, i per ad elles el colectiu està per damunt de l'individu. I eixa forma de ser t'ajuda a ser ric.

Uns atres pobles que s'expressen en un idioma concret solen tindre també una ideologia concreta. Per eixemple, les persones que parlen holandés solen ser modernes, obertes i lliberals. I això es traduïx en la redacció de les seues lleis. No és que siguen lliberals per dominar l'holandés, pero sí és cert que la mentalitat lliberal sol acompanyar a est idioma. Insistixc: el problema no és tant el castellà com més be la forma de ser que acompanya a la gent que el parla. Els que pensen, parlen i viuen en espanyol solen tindre un comportament molt propens al retart, el primitivisme, la pobrea i la fam.

Els pobles hispanoparlants mai prosperaran. Tots els pobles que parlen castellà, especialment els monolingües, tenen el mateix patró de conducta. És una mentalitat renuent al canvi, que té pànic a la ciència i és incapaç d'adaptar-se a noves circumstàncies llingüístiques, socials, culturals o econòmiques. El castellaparlant no s'integra, no s'adapta i rebuja tota alteració en el seu entorn. Si li planteges renovar-se o morir ell tria morir. En un món que canvia constantment, aquells pobles que no estiguen disposts a adaptar-se a situacions noves queden descavalcats del progrés, s'afonen i ya no alcen cap.

La mentalitat de tercermundisme i mediocritat dels pobles hispanoparlants només porta fam, misèria i desolació. Aixina, mentres que en la Revolució Industrial, Gran Bretanya i Alemanya apostaren per la màquina de vapor i el ferrocarril, Espanya es refundà com Estat agrari. Els únics *espanyols* que es donaren conte en eixe moment de que l'indústria seria en poc de temps moltíssim més important que l'agricultura foren curiosament els menys espanyols de tots: els catalans i viscaïns. Eixa oportunitat perduda mos comportà un dramàtic retart històric respecte als països del nostre entorn.

Pero no és eixe l'únic tren del progrés que hem perdut perque actualment es repetix l'història. Irlanda o Escandinàvia aposten per un creiximent econòmic basat en inversió i exportacions (lo qual aumenta la productivitat) pero Espanya se centra en un creiximent basat en la construcció i el consum intern (que no l'incrementa). I mentres ells fomenten les noves tecnologies i es fan multimillonaris, els espanyols tenen la brillant idea de que competim contra els marroquins o els chinencs en mà d'obra barata i en conseqüència, totes les empreses dels sectors tradicionals van tancant una darrere d'atra.

Guinea Equatorial és el representant de l'hispanitat en Àfrica. Encara que ven més d'un milló de barrils de petròleu al dia i té riquea de sobra per a paliar les necessitats del seus escassos 500.000 habitants, la gent viu arrimerada en chaboles i les ciutats patixen constants talls de llum i carixen d'aigua potable. Lliberticidi, militarisme, colpisme... Inclús tants anys en acabant de l'independència, l'impronta espanyola continua present. Guinea és una nació fracassada que podria ser una de les més riques del planeta pero que, com en tots els llocs a on es parla castellà, és incapaç d'eixir avant.

Hispanoamèrica és igual. Té una economia basada en matèries primes que el Primer Món compra barates per a transformar-les en manufactures que més tart ven cares al Tercer Món. Diuen que és un comerç injust pero un tronc mai pot tindre el mateix valor que una taula. No obstant, en lloc de canviar el seu model productiu i fabricar manufactures ells per a vendre-mos-les cares a mosatros, es tanquen a tot intent de modernisació, reclamen a les multinacionals que els oferixen treball que se'n vagen fòra perque "volen colonisar-los" i insistixen en anar per la vida venent bananes i sucre.

2.2. AVERSIÓ A CULTURISAR-SE I DEPRENDRE IDIOMES.

Eixa negativa a acceptar canvis no aborda sols l'economia, sino que es trasllada a tots els aspectes, també als socials, culturals i llingüístics. Els hispànics són gent encantada de conéixer-se a sí mateixa i incapaç de concebre que hi haja algú que no parle en castellà. Els turistes madrilenys bramen perque hi ha obres de teatre en valencià quan estiuegen en Valéncia, als andalusos els disgusta que s'impartixca català en les escoles catalanes i els extremenys poden viure més de 30 anys en Galícia que no diran bon dia en gallec. I els nouvinguts d'Amèrica són reflex fidel dels seus antepassats d'ací.

Esta aversió a integrar-se en unes atres realitats idiomàtiques fa que mentres que en Holanda inclús un agranador domina l'anglés, en Espanya casi ningú el parla. És més; durant sigles Estats Units rebé immigrants hebreus, alemans, italians, àraps, chinencs... Tots han assimilat l'anglés. Els hispans són els primers en negar-se; cubans de Miami que no deprenen mai l'idioma, portorriquenys que volen colege en castellà en Nova York, taxistes mexicans que no entenen l'anglés... L'autor Samuel Huntington parla de que ya hi ha dos Estats Units: l'angloprotestant en el nort i l'hispanocatòlic en el sur[20].

Un vasc, un suís o un holandés parla quatre llengües i pensa: "Ixcà tinguera temps lliure per a deprendre una

---

[20] En el llibre *¿Quí som? Els desafiaments a l'identitat nacional americana* de Samuel Huntington.

quinta". Per contra, el castellaparlant lladra: *"¡A mí me habla usted en cristiano!"* . ¿Cóm ha de ser una forma de pensar igual que l'atra? ¿Cóm ha de ser Nicaragua igual que Suïssa? ¿O Espanya igual que Luxemburc? És impossible. En la mentalitat castellana a on vages promous el més atroç tercermundisme. En eixe patró de conducta fas que una nació que està entre les dèu més riques del món en només cinquanta anys acabe en la bancarrota; mirem a l'Argentina si no.

El castellà mos porta la fam. Espanya, a pesar de pertànyer al Primer Món, és pobra en el context europeu. És més, dins de l'Estat hi ha dos tipos d'autonomies: les monolingües castellanes i les que ademés del castellà tenen una atra llengua. Les primeres són una planura de matolls a on la gent naix en la maleta baix del braç perque no té treball ni esperança. L'excepció és la Comunitat de Madrit, que acapara totes les infraestructures per ser la capital d'un Estat radial i centralisat com este. Per contra, les comunitats en una llengua pròpia forta solen tindre un gran dinamisme industrial i social.

En Valéncia les comarques de l'interior, castellaparlants, són pobres front a les valenciaparlants de la costa, pròsperes. Els habitants més pobres del país són els immigrants, que són hispanoparlants. Pero és que si mos fixem en la burguesia valenciana, procastellana de tota la vida, mos donarem conte que el seu poder financer i d'influència és ridícul comparat en el de la burguesia catalana o vasca, nacionalistes elles. Mentres vascs i catalans gogen de tot tipo de privilegis, la sumissa burguesia valenciana contempla atònita cóm li han negat inclús un transvàs de les aigües sobrants del riu Ebre.

Si els anglosaxons i els judeus són l'innovació, els hispànics són la paràlisis. Si els dius d'invertir en indústria, ells ho fan en agricultura. Si els dius d'apostar per la tecnologia, ells ho fan per la mà d'obra barata. Si els dius de decantar-se per la ciència et contesten allò de *"que inventen ellos"* o *"los experimentos con gaseosa"*. Si els dius de deprendre idiomes et contesten *"a mí me habla usted en cristiano"*. És el rebuig a deprendre, a innovar, que fa que queden immòvils, estancats. D'una mentalitat tal no pot eixir mai en la vida una Finlàndia o un Israel; només una Andalusia o un Perú.

2.3. L'ESPANYOL, LLENGUA TERCERMUNDISTA I GENOCIDA.

Els espanyols diuen que el castellà és parlat per 400 millons... Pero hi ha idiomes en molts parlants i sense cap prestigi perque els seus usuaris solen ser analfabets o viure en zones deprimides. Diuen que l'espanyol és oficial en més de vint Estats del planeta. Sí, pero tots del Tercer Món. Diuen que és una llengua internacional que mos permet viajar... Sí, a Cuba, Bolívia, Nicaragua i unes atres grans *potències mundials*, perque per a anar al món civilisat et cal l'anglés. Diuen que és un gran idioma, pero replet de blasfèmies i en l'estrident soroll de la J castellana; tan coent i desagradable per a l'oït.

Mos diuen que el castellà és la llengua del futur. Serà en les presons perque en els negocis va a ser que no, o almenys això diuen en Estats Units. I si fem un anàlisis estadístic de l'idioma de la població carcelària de Valéncia, Galícia o Catalunya, arribarem a idèntiques conclusions. Si vas a Estats Units i dius que eres espanyol es pensen que vens de Mèxic i et pregunten si en Espanya la gent dispon de duches o si va a rentar-se al riu, si té coches o encara monta en ruc. Per lo tant, que damunt mos parlen de l'espanyol com d'un "tesor comú" no deixa de tindre la seua dosis de burla.

Allà a on ha arribat el castellà sempre ha portat baix del braç l'etnocidi i la devastació. Qui ho negue, deuria investigar els orígens de la quasi extinció del quèchua, aranauc, nàhuatl, maya, otomí, aimara, guaraní, quiché, chaquiquel, harahumara, altaragonés, guanche, lleonés, bable, etcétera. L'espanyol és, per definició, una llengua genocida. Els hispànics es neguen a integrar-se i volen que siga el país receptor qui s'adapte ad ells. Presumixen de tindre un idioma internacional i cosmopolita pero ells són tan tòfols i poblerencs que es neguen a deprendre qualsevol atre que no siga el seu.

També mos diuen que el valencià no val per a res, quan fon la primera llengua neollatina en tindre un Sigle d'Or lliterari, un diccionari i la traducció d'una *Bíblia* (en tot lo món) i el primer llibre imprés en la Península Ibèrica. Mos diuen que cal confinar-lo a la casa, la peixcateria i la falla, pero els escritors en espanyol en dos dits de front com Miguel de Cervantes o Ramón Menéndez Pidal l'admiren. Mos diuen que no és útil, que molt millor estudiar l'anglés. I ho diuen com si ells ampraren l'anglés cada volta que van a la biblioteca a traure un llibre o al forn per a comprar el pa.

Yo no vaig a negar que l'espanyol té una gran potència lliterària i que en ell s'han escrit pàgines de bellea inenarrable... pero el destí de totes les nacions que han usat esta llengua ha segut la calamitat i l'hecatombe. Yo no vaig a negar que hi ha valencians castellaparlants que volen al Regne de Valéncia molt més que molts valenciaparlants meninfots que alcen els muscles per tot... pero lo ben cert és que la coexistència entre espanyol i valencià ha derivat en un bilingüisme unidireccional que condena a l'últim a la diglòssia i a ser un idioma de segona categoria al que li està vetat ser realment cult.

¿Per a qué volem l'espanyol? ¿Per a morir-mos de fam? Yo estic convençut de que el dia que desaparega el valencià i tots sigam hispanoparlants, la misèria més crua i desoladora caurà sobre els nostres caps. Lo que necessitem realment és conrear una llengua pròpia, nostra, forta i culta, tal i com han fet els Estats escandinaus. Podem triar entre ser una nació industrialisada o una estèril planura plena de matolls, de porcs i de bellotes, de pastors i de borreguets. ¿Volem ser com els països escandinaus o com els hispans? En les nostres mans està ser com Islàndia o sumar-mos a la caravana de la fam.

Josué Ferrer

3. LA NÀUSEA DE SER ESPANYOL

"Jure davant de vosté, jure pel Deu dels meus pares, jure per ells, jure pel meu honor i jure per la meua pàtria que no donaré descans al meu braç ni repòs a la meua ànima fins que haja trencat les cadenes que mos oprimixen per voluntat del poder espanyol".
Simón Bolívar (llibertador de Veneçuela, Colòmbia, Equador, Perú i Bolívia).

3.1. UN CAMP D'EXTERMINI DE LLENGÜES I CULTURES.

Espanya em provoca nàusees: l'Espanya canyí, la dels toreros i les folclòriques, un país de caspa i pandereta, una nació cutre i salchichera, tercermundista i bananera. L'Espanya profunda. Una pàtria de porcs i de bellotes, de terres ermes i estèrils a on la gent naix en la maleta baix del braç, d'improductives planures plenes de brossa i de matolls, de regions de pastors i borreguets a on encara ni ha arribat el soroll del tren. No m'agrada l'Espanya de funcionaris d'Ajuntament que viuen en un almorzar etern, la dels hòmens als que no els agrada alçar-se a les sis del matí per a anar a treballar perque volen menjar de les subvencions dels demés, que preferixen subsistir de parar la mà que de la suor del seu front. És l'Espanya que pareix que vaja a escopinyar a algú quan pronuncia la jota, la del *a mí me habla usted en cristiano*, la de l'eixèrcit que només guanya guerres als seus propis civils. És esta l'Espanya d'ahir, de hui i de sempre. Una broma de país.

L'Estat Valencià

Els espanyols han creixcut en un ambient monolingüe i són incapaços de concebre que hi haja algú que no parle el seu idioma. Els sorprén terriblement. És per això que els turistes madrilenys es posen a bramar quan venen a estiuejar a Valéncia i veuen una obra de teatre en valencià. ¿Cóm és possible que els valencians siguen tan maleducats de voler parlar valencià en sa pròpia terra? ¡Estos espanyols són tan orgullosos com pobres d'esperit! Els immigrants espanyols, que mos invadixen en onades, podrien deprendre l'idioma encara que fora únicament per amor o per agraïment cap a la terra que els ha acollit i donat l'oportunitat de prosperar que els ha segut negada en la seua terra natal, pero no ho fan ni ho faran. Sempre m'he preguntat per qué si tant els desagrada el valencià se'n venen a viure a Valéncia. En la cantitat tan gran de territoris que hi ha en el planeta a on pots viure només en castellà, han de vindre a insultar-mos en la nostra casa.

No sols no soc espanyol, sino que ademés no vullc ser espanyol. No vullc formar part d'un Estat que considera no nacionalistes als nacionalistes espanyols o que entén per bilingüisme que sigam bilingües els valenciaparlants per a que els monolingües castellans puguen continuar parlant en una sola llengua, la seua, la de l'Imperi; un Estat que és incapaç de comprendre que no existirien els separatistes si no existiren els separadors. ¡Quina vergonya nàixer en un país a on els tricornis i les monteres ocupen el lloc li correspondria al cervell! El Regne d'Espanya és una prolongació de Castella, un Estat opressor de pobles, una presó de nacions, un camp d'extermini de llengües i cultures, un ent artificial i antinatura forjat per la força salvage de les armes. Esta pàtria centralista i madrilenca recorda en despotisme i tirania a la Gran Sèrvia de Slobodan Milosevic.

Per fortuna, és un país que es dirigix cap al femer de l'història. Cada dia està més prop.

El final últim d'Espanya és desaparéixer. Qui crega que Espanya és una realitat eterna o un destí en lo universal està simplement molt equivocat. Espanya és un gran frau i com a tal pert adeptes dia a dia, encara que els que encara queden, òbviament, es radicalisen. No mos sàpia mal contribuir a la mort d'este engendre d'obscuritat, injustícia, discriminació, extorsió, repressió i mort que ha significat est Estat durant els últims tres sigles. Si desapareix est Estat mal nomenat Espanya que no es preocupe ningú puix no es cauran a la mar. Simplement es faran les coses com deurien haver-se fet des del primer dia: en una série de nacions lliures que podran forjar el seu futur cadascú al seu ritme i velocitat. Els únics perjudicats seran sense dubte eixa nova categoria de persones tan encantades de conéixer-se a sí mateixes nomenades madrilenys que han conseguit viure en eixe oasis irreal de prosperitat a les costelles dels habitants de tot l'Estat.

4. EL NAZISME CATALÀ; UN CÀNCER PER A L'HUMANITAT

"Són el catalans el lladre de tres mans (...) Ells són les pigotes dels seus reis: tots les patixen i els que escapen queden per lo manco en senyals d'haver-les tingut. (...) Són els catalans abort monstruós de la política".
Francisco de Quevedo (escritor).

4.1. EL PANCATALANISME: UN IMPERIALISME NAZI I GENOCIDA.

Catalunya és una terra imperialista, genocida i nazi que estén els tentàculs a tot poble veí. Em repugna eixa Catalunya agressora que sempre es disfrassa de víctima i que destila un odi que explica la paradoxa dels *pacifistes* gens pacífics, de l'intolerància dels que van de *tolerants*, dels *humanistes* oficials sempre crispats, d'intelectuals *antisistema* de subvenció i pandereta. No m'agrada eixa Catalunya de progres de saló, de català ortopèdic i de laboratori, la de l'infecte dialecte barceloní, eixa Catalunya de filòlecs tronats que acusen de fasciste a tot el que no combregue en les seues demencials rodes de molí, eixa terra de convulsions febrils, de prèdica esotèrica dels països catalans, contemplats com un destí en lo universal més allà del temps i l'espai; eixe poble que en lloc de raonar amenaça i en lloc parlar lladra. El pancatalanisme és un càncer de l'humanitat tan carregat d'odi com el nazisme d'Adolf Hitler o el comunisme de Josip Stalin.

L'Estat Valencià

Catalunya és un poble paràsit, una realitat macabra, una desviació de l'història. És un país de lladres i espoliadors, una nació de corsaris i filibusters que es dedica a apoderar-se de la cultura d'uns atres pobles i en acabant assegura que és seua. Han arribat a dir que el *Quixot* s'escrigué en català, que Cristòfol Colon era català (en un temps en que Catalunya no existia) o que totes les llengües neollatines derivaven no del llatí, sino del català. És un poble incult i bàrbar que a falta d'història se l'inventa o la furta. ¡Qué bonica seria eixa terra si no l'infectara est infame corcó, este sarcoma maligne que són els nazis catalans, l'existència dels quals tan sols s'explica per l'afany d'amargar la vida i chafar els drets de tot lo món! Pero eixa costra parasitària, eixa autèntica secta paranoica que és el catalibanisme s'estén com taca d'oli, com un càncer en la sanc i no té obsessió més malaltuça que borrar al Regne de Valéncia de l'història, com si no haguera existit mai.

¡Pobra Valéncia, tan llunt de Deu i tan prop de Catalunya! ¿Quin pecat hem comés per a rebre un castic tal? Estos nazis no sols són imperialistes, sino dictadors, fanàtics i intervencionistes enemics de la democràcia i de la llibertat dels pobles i del propi individu. Catalunya viu de llengües inventades i nacions impossibles. Els mateixos que posarien el crit en el cel si un periòdic conservador de Madrit tildara al colombià Gabriel García Márquez d'autor espanyol en acabant diuen que Joanot Martorell era un escritor català; els que clamen autodeterminació per a la seua pàtria li la neguen al nostre idioma; els que es queixen d'imperialisme espanyol colonisen Mallorca o Aragó, els que negocien en ETA un protectorat etarra sols per a Catalunya donen lliçons d'ètica. Si Valéncia caiguera en mans d'estos perdonavides seria un cataclisme nefant: el triumf de la barbàrie sobre la civilisació, del nazisme sobre la democràcia, de la guerra sobre la pau.

Catalunya considera catalans del sur als valencians, pero només per a lo que li convé. Per a que el Sigle d'Or de les Lletres Valencianes siga el Sigle d'Or de la Lliteratura Catalana, per a que Ausias March siga un poeta català naixcut en Gandia, per a que la Llonja siga d'estil gòtic català, per a que el Vilarreal C.F. siga un club dels països catalans, per a que les figures de Lladró siguen ceràmica catalana, per a que la paella siga un plat català... Per a açò i per a molt més, els valencians sí som catalans. Pero quan es tracta de respectar la llengua valenciana, de fer un transvàs de l'Ebre als *germans valencians* com mos diuen cínicament, de que Valéncia siga sèu de la Copa Amèrica de Vela (els *germans* del nort preferien Nàpols a Valéncia), per a tornar *El Llibre del Repartiment* (seqüestrat en Barcelona) o per a que creixca el port del Cap i Casal... Ahí ya no som catalans. Són l'estirp més hipòcrita i pèrfida que haja posat el peu sobre la faç de la Terra.

La diferència entre ells i mosatros és que els catalans volen que els valencians sigam catalans del sur a tota costa, pero els valencians mai consentiríem que els catalans foren valencians del nort, ni encara que ho demanaren de genolls. No és que els valencians no vullgam que Valéncia es convertixca en una província de Catalunya; és que si un dia els catalans mos proponatgueren que Catalunya es convertira en una província de Valéncia, que tots junts formarem un Estat nomenat Països Valencians, en capital en el Cap i Casal, una pàtria a on els seus ciutadans foren nacionalment valencians i on es parlara l'idioma valencià en Normes d'El Puig (en lloc del català), si algun dia els catalans mos proponatgueren açò els valencians contestaríem que no.

L'Estat Valencià

Perque no els volem ni en pintura. Perque només mos veuen com a esclaus. Perque un Estat a on convixquérem junts aniria a la guerra civil abans d'una semana. Perque és preferible la mort a perdre la llibertat.

5. FORASTERS VINDRAN QUE DE CASA MOS TRAURAN

"Els immigrants, no els americans, són els que deuen adaptar-se. Prenguen-lo o deixen-lo. Estic fart de que esta nació es preocupe de si ofenem a algun individu o a la seua cultura (...) Parlem principalment anglés, no el libanés, l'àrap, el chinenc, el japonés, el rus o qualsevol atra llengua. Per tant, si vosté desija fer-se part de la nostra societat, deprenga la nostra llengua (...) Acceptarem les seues creències i no li farem preguntes. Pero donarem per fet que vosté accepta les nostres, i viu en pau i harmonia en mosatros. Pero una volta que vosté es queixe, ploriquege i no accepte la nostra bandera, la nostra promesa, les nostres creències cristianes, o el nostre modo de viure, sincerament l'anime a beneficiar-se d'una atra gran llibertat americana: el dret a anar-se'n".
Barry Loudermilk (polític estatunidenc).

5.1. CONTRA LO HIPÒCRITAMENT CORRECTE.

Qui escriu estes llínies està casat en una dòna negra i té una filla mulata, té una germana naixcuda en París i uns pares que han vixcut, treballat i segut molt feliços en França i Suïssa. U dels meus millors amics és marroquí i el seu fill, també de Marroc i valenciaparlant, els diu "yayos" als meus pares. La mestra de l'infància a la que recorde en més respecte i carinyo era manchega i per si fora poc yo mateix he estat a un sol pas d'haver segut australià o suís. Tinc clar que ningú és millor que ningú per haver naixcut ací o allà i que odiar a algú per tindre la pell un poc més clara o un poc més obscura que la nostra és el mateix destarifo que rebujar a una persona pel color del monyo o dels ulls. Crec que reunixc tots els requisits per a que ningú em puga tildar de raciste o xenòfop i si els faig públics és únicament per a previndre la demagògia de lo hipòcritament correcte que considera fasciste a tot aquell que no s'apunte al simplisme de moda.

A tots aquells immigrants que dormen baix dels ponts del Cap i Casal i exigixen un centre d'acollida, exigixen papers per a tots, exigixen l'empadronament, exigixen Seguritat Social, sanitat debades i coleges per als seus fills i exigixen inclús el dret de vot... Ad estos estrangers que tant reclamen yo els preguntaria quants de tots ells tenen els papers en regla per a exigir tant. Segurament, pocs podrien alçar la mà. I als que ho feren, els preguntaria quants estan disposts a acceptar principis bàsics de la nostra civilisació com la democràcia, la llibertat d'expressió, la separació d'iglésia i Estat o l'igualtat d'home i dòna, quants de tots ells estan disposts a respectar les nostres costums, cultura i tradicions i participar d'elles, quants estan disposts a deprendre el valencià. Quants de tots ells estan, en definitiva, per una integració real, per ser u més. Els pocs que alçaren la mà són els que realment mereixen quedar-se. Els demés estan de sobra.

Puc comprendre l'instint de supervivència d'aquells que fugen de la guerra i de la fam en busca d'una vida millor. Ho varen fer els meus pares i ho faria yo. I a aquells que realment vinguen a guanyar-se el pa en honradea i a conviure entre mosatros, els tendixc la mà i conten en el meu abraç fraternal. Pero lo que no puc consentir és l'immigració que no busca integrar-se, la que vol que siga el país acollidor qui s'adapte al nouvingut i no al revés. Molts foràneus venen a viure la seua vida d'acort en les seues costums i forma de ser i de fer, pero aprofitant-se de la nostra Seguritat Social, de les nostres carreteres, de la nostra tecnologia... i menyspreant qualsevol obligació o llei que els impedixca fer lo que els done la real gana. Venen a aprofitar-se de lo que hi ha ací, pero sense cap intenció de convergir cap al nostre estil de vida. I això resulta intolerable. Mosatros estem en la nostra casa... i a qui no li agrade lo que hi ha és ben lliure d'anar-se'n.

Valéncia ha patit una deriva llamentable. La realitat de la societat valenciana és semblant a la de fa 20 anys, pero ara hi ha més gent dins de la societat que no és valenciana. Els polítics volen que l'actitut marginal es convertixca en norma per a mostrar un fals cosmopolitisme en el qual Valéncia no lluita per tindre un lloc en el món, sino que es diluïx per a que el món tinga un lloc en Valéncia. La prensa reflexa *lo millor* de la nostra societat a través d'immigrants inadaptats social i llingüísticament, a vore si aixina sentim compassió pel pobre equatorià que en acabant de viure més de 30 anys entre mosatros continua sense parlar valencià o el musulmà discriminat que no pot mutilar a la seua filla. ¡Prou de demagògia, lo normal en Valéncia és ser valencià! I posats a mostrar realitats multiculturals podríem fixar-mos més en Europa. Ho lamente, pero yo soc dels que encara preferix l'Àustria de Ludwig Van Beethoven a la Jamaica dels bongos.

Valéncia és un país molt menut i ya està superpoblat. Ací no poden vindre a viure cinccents millons de suramericans, cinccents millons d'africans i mil millons de chinencs. No tenim treball ni tan sols espai físic per a tanta gent. Per tant, cada volta haurem de ser més selectius a l'hora de triar als que volen viure entre mosatros i passejar pels mateixos parcs en que juguen els nostres fills. Sobretot si tenim en conte que cada dia arriben més estrangers que només chafar territori valencià es pensen que tenen tots els drets pero cap deure, i en els països civilisats es tenen drets i deures; cal ser cívic, integrar-se i saber conviure perque per a malfactors i pocavergonyes mos basten els d'ací. En França seleccionen estrangers i posen quotes, en Alemanya i Holanda els obliguen a deprendre l'idioma i la cultura per a donar-los la residència, i en Suïssa expulsen sense cap de mirament als illegals. O fem igual o mos vorem inundats per una remugada de gent.

5.2. L'IMMIGRACIÓ DONA DINERS ALS RICS I ELS HO LLEVA ALS POBRES.

L'immigració massiva no és necessària per a un creiximent econòmic sà, sols ho és per a un de cutre basat en l'esclavitut. Qui diu que l'immigració cal per al creiximent econòmic sempre és el capital: si hi ha més immigrants les promotores venen més vivendes, els bancs més hipoteques i els empresaris fan del mercat laboral una subasta de mínims que es traduïx en vore qui fa un treball pel menor sòu possible. ¡Clar que la gran banca i les empreses estan interessadíssimes en predicar que l'immigració és boníssima per a l'economia! ¡Sobretot per a la seua economia! Segons un estudi d'Adecco, els sous dels treballadors no han creixcut res entre 1997 i 2007[21]. La gent ya no pot comprar una vivenda, tindre un fill o arribar a final de més. Per contra, els beneficis de les multinacionals baten totes les plusmarques. Els rics volen als estrangers per a que els netegen els jardins dels seus chalets o els envien a collir les taronges per 300 euros al més.

---

[21] *Los salarios de los españoles, diez años en el congelador.* Isabel Ordóñez. *ForumLibertas.com* 15-12-2007.

El professor George J. Borjas creu que "l'immigració dona diners als rics i els ho lleva als pobres". Diu que "és millor per a un país invertir en robòtica que en immigració, perque en robots desenrolla sa tecnologia" i que "l'immigració no millora un sistema productiu, al contrari, desincentiva l'inversió en investigació i desenroll, perque la mà d'obra barata ya proporciona interessants plusvalies sense necessitat d'arriscar ni invertir en tecnologia". Sosté: "És curiós que en Europa els defensors de l'immigració són esquerra i sindicats. Just al revés que en Estats Units. Allà els sindicats sempre han protestat per l'immigració, perque fa caure els sous i degrada l'Estat del benestar". I critica als proestrangers: "Els intelectuals i la prensa no han de competir en immigrants que cobren menys pel mateix treball o faena. I ademés, se senten generosos i solidaris quan la recolzen. De passada, conseguixen un servici domèstic més barat"[22].

Per supost que no culpe als explotats de l'explotació que patixen. Faltaria més. Prou tenen ells en haver de sofrir tals calamitats. Més be, són els negrers dels nostres temps els autèntics responsables. I també els polítics que miren a un atre costat mentres les cadenes de l'esclavitut facen rodar l'economia. I els sindicats, silenciats a base de subvencions. Yo tinc ben clar que l'aportació que pot fer un estranger a la societat que l'acollix pot ser molt valiosa. Pero també hem de defendre els nostres interessos nacionals. No podem permetre que ací vinga tot lo món, que acaparen les ajudes socials o que creen societats paraleles sense cap voluntat per integrar-se. I cal vore quant aporta cada estranger i quant costa. "Mentres l'aportació de cada nou immigrant supere els

---

[22] *"La inmigración da dinero a los ricos y se lo quita a los pobres"*. Lluís Amiguet. *La Vanguardia*. 4-6-2008.

costs que impon, els Estats Units deuen deixar-lo entrar", diu Borjas. Es requerix de persones jóvens en formació, oficis que escassegen, coneiximents de l'idioma i ganes d'integrar-se.

5.3. LES HORDES DE LA MIJA LLUNA.

Un capítul a banda mereixeria l'immigració islàmica. Els musulmans tenen conflicte en Israel, que són judeus. Pero tenen conflicte també en Estats Units, que són cristians. Pero és que tenen conflicte també en China, que són ateus, i en Índia, que són hindús, i en Tailàndia, que són budistes, i en Papua-Nova Guinea, que són animistes i en les ètnies d'Àfrica. I lo que és més significatiu; els musulmans estan en guerra contra els propis musulmans: perque si fiques en una mateixa habitació a un sunita i un chiita es maten entre ells. Si mires en un mapamundi voràs que els musulmans estan en casi tots els chocs polítics: Chechènia i Daguestan contra Rússia; Kosovo contra Sèrvia, Marroc contra Espanya; Turquia contra Grècia, Chipre i el Kurdistan. Pero hi ha més conflictes: Nigèria; Somàlia, Eritrea, Etiopia, Sudan, Chad, Costa de Marfil, Tailàndia, Afganistan, Filipines, Indonèsia, etcétera. Yo podria entendre que els islàmics tingueren tensions en alguns dels seus veïns pero ¿que tinguen disputes en absolutament tots? Una de dos: o be els problemàtics són els mahometans o be ho som el restant del món.

Els musulmans que arriben a la nostra terra, conscients de ser una minoria, volen que els tractem en respecte i que pugam conviure, pero en els països islàmics el tracte que ells dispensen a judeus o cristians dista molt de complir no ya unes mínimes regles de convivència, sino el drets humans més bàsics. Un nou totalitarisme amenaça la civilisació occidental: l'islamofascisme. I hem de ser intolerants en ell, com ho seríem en el comunisme, el nazisme, el fascisme, la teocràcia, la monarquia absolutista o el terrorisme. L'islam mos convida a iniciar un lúgubre i truculent viage en el temps cap a una era de fanatisme i de terror. No volem llegalisar violacions, amputacions, lapidacions, decapitacions o unes atres aberracions autorisades per la llei *sharia* i els tribunals islàmics. Democràcia i drets humans no són negociables i el qui no estiga d'acort que faça les maletes i se'n vaja a viure a una nació islàmica. Pero a mosatros que mos deixe en pau.

5.4. ENDOFÒBIA.

Una de les grans amenaces per a una civilisació és una llau de forasters que secretament odia a la societat acollidora. Recordem cóm desaparegué l'Imperi de Roma: per l'immigració. Roma someté a absolutament totes les superpotències de l'época (Cartago, Egipte, Macedònia...) pero temia als bàrbars germànics. Els deixà entrar dins de les seues fronteres, els oferí la nacionalitat romana, la possibilitat d'arribar a càrrecs de responsabilitat en Roma... i eixa fon la seua tomba. Perque els bàrbars mai tingueren cap intenció d'integrar-se en la cultura romana ya que l'odiaven: aixina que s'instalaren en el nou país per a poder dinamitar-lo des de dins. No és l'únic cas: els mexicans permeteren que els anglosaxons s'instalaren paulatinament en Texas i estos només pogueren els l'arrebataren. Encara hui s'usa la pressió migratòria i el desplaçament demogràfic dels natius en benefici dels forasters com a arma colonialista: com en Sàhara Occidental o Tíbet.

No hi ha problema en un estranger que vol integrar-se en la societat acollidora, pero si no té cap intenció de formar part d'ella, odia els seus valors i inclús anhela canviar-los, llavors has deixat entrar a l'enemic en casa. Llegí en certa ocasió que el 50% d'habitants de la nostra pàtria era espanyol o descendent directe d'espanyols. Estem rodejats de castellans, andalusos, murcians, aragonesos... i els seus respectius fills i nets que, encara que naixcuts ací, s'identifiquen en l'identitat castellana. No es tracta d'examinar el pedigrí de ningú pero sí resulta perillós la quantitat de valencians que a pesar d'haver naixcut ací són valencians només de nom pero no de cor. I faltava la llau de suramericans que arriba a les nostres fronteres; uns destacats quintacolumnistes del nacionalisme espanyol més ranci i cavernícola que mos bramen que ací en Valéncia cal parlar en espanyol que per a alguna cosa estem en Espanya. Els hispans són el nou cavall de Troya.

¿Quantes voltes es parla de xenofòbia, d'odi cap al foraster? Potser deuríem parlar també d'endofòbia, d'odi cap al natiu. ¿Qué ocorre quan tota eixa caterva d'equatorians, colombians, peruans i argentins mos esputen en la nostra pròpia cara que els parlem en espanyol? ¡Pero si mosatros parlàvem valencià quan els seus antepassats encara estaven enmig de la selva en el taparrabos, l'arc i les fleches! ¿I qué passa quan tots eixos musulmans mos diuen que cal prohibir la festa de Moros i Cristians o que ací s'ha d'aplicar la llei *sharia*? No m'oblide tampoc dels propis valencians fills i nets de valencians que emmalaltits per l'endofòbia, el complex d'inferioritat i l'autoodi et diuen que mosatros som catalans i que açò és els països catalans. O els valenciaparlants espanyolistes que t'asseguren que no importa que s'ensenye català en l'escola puix lo que conta és que som espanyols i que parlem espanyol. Per ad ells tampoc passa res si la nostra llengua mor.

Europa patirà el destí de Roma si deixa entrar als musulmans. Són els nous bàrbars; van assentant-se, cada volta són més i sa influència major i usen la seua alta natalitat com una bomba demogràfica. Un gran sector creu en el terrorisme, la *sharia* i Al-Andalus, i abomina la llibertat d'expressió i la democràcia. Si algun dia els musulmans foren la majoria social en Europa soterrarien els valors de la Revolució Francesa. El Regne patix un avançat procés de liquidació i etnocidi ab tota la població hispanoparlant. Tres sigles porta el valencià dins d'una trituradora. I faltava el catalanisme. Que no mos facen creure que som racistes, xenòfops o intolerants per voler impedir que els invasors arrasen la nostra cultura. Com tampoc eren racistes els pells roges per voler impedir que els blancs els arrebataren ses terres a punta de pistola. Són els forasters que no s'integren i l'endofòbia regnant la que mos portarà a la tomba. ¡En les nostres mans està impedir-ho!

Josué Ferrer

6. EL COMPLEX DEL VALENCIANET

"[Valéncia] És una molt gran i fermossíssima planura, com les dels voltants de Milà i Colònia, rodejada per totes bandes de montanyes, menys al migdia, que té l'alta mar. Esta planura està regada pertot per rius conduïts des dels monts per diversos canals. És fecundíssima en oliveres, magraners, llimeres, tarongers, poncilers i uns atres innumerables fruitals. I crec que en tota Europa a penes es donen fruits marítims de tanta perfecció. En esta planura a poc espai de la mar es troba situada esta preclara ciutat populossíssima, molt major que Barcelona, molt ben habitada i poblada, en molts comtes, barons, en un duc i més de cinccents cavallers dorats, i nobles sense número".
Hieronymus Münzer (viager germànic del sigle XV).

6.1. UN POBLE ACOMPLEXAT.

Fins fa poc els espanyols patien un fort sentiment d'inferioritat cap als seus veïns europeus. És lo que s'ha vingut a dir el complex de l'espanyolet. En acabant de sigles de decadència per culpa dels mals governs, i de que Europa diguera que "Àfrica comença darrere dels Pirineus" els espanyols passaren a vore's a sí mateixos com espanyolets, diminutiu que denotava falta d'amor propi front a França, Gran Bretanya, Alemanya, Holanda o Suècia. Pero l'ingrés de l'Estat en la Comunitat Econòmica Europea (CEE) en 1986 tingué un efecte sicològic en la població: per fi s'havia trencat l'històric aïllament i Espanya tornava a ser digna de considerar-se europea. A finals dels 90 els complexos ya s'havien dissipat: el cine havia passat de ser una espanyolada a ser premiat en l'estranger, els turistes se sorprenien de la qualitat de les autopistes i el creiximent econòmic havia retallat unes diferències de renda que pareixien insalvables en una atra época.

Per fortuna, hui un espanyol ya no es considera inferior a un francés o a un anglés. Tràgicament mosatros encara patim el complex del valencianet, que fa que mos vejam inferiors a Espanya o a Catalunya. Un himne que diu que ofrena noves glòries no a València sino a una Espanya que mos fica català en les escoles i mos diu que ni una gota d'aigua per als valencians. Una burguesia que preferix ser subsidiària dels manadors de la Meseta a defendre lo de la seua terra, com fa l'empresariat català o vasc. Uns valenciaparlants que quan conversen en un castellaparlant canvien d'idioma a la mínima "per respecte i educació". Uns castellaparlants que no deprenen mai la llengua perque el castellà "és més fi". Una societat que mira sempre per l'interés general d'Espanya pero mai per l'interés particular del Regne de Valéncia... El valencià hispanòfil encarna la radiografia d'una societat fracassada i nauseabunda que ha perdut la fe en sí mateixa i en Deu.

Un valencià catalanòfil és l'autoodi fet persona; és algú que renega de la seua bandera, de la seua pàtria i de sa llengua en benefici dels interessos de Catalunya. El seu complex d'inferioritat li fa creure que totes les paraules valencianes són vulgars, incorrectes o en el millor dels casos coloquials pel sol fet de ser valencianes, mentres que els vocables barcelonins són cults, científics i elegants pel sol fet de ser de Barcelona. La seua baixa autoestima li fa opinar que ell parla "malament" perque ho fa com els seus pares i yayos i per això s'esforça en deprendre un català ortopèdic i de laboratori que sona artificial i coent a l'oït de qualsevol valenciaparlant. L'indignitat i la falta d'amor propi li fan pensar que el valencià és dialecte i el català idioma, que lo nostre és lo coloquial i lo d'ells lo científic. És la diglòssia de parlar en valencià pero haver d'escriure en català; una esquizofrènia únicament comparable a parlar en castellà i escriure en italià.

És el complex d'inferioritat lo que fa pensar que el Regne no pot tindre la puixança industrial catalana (quan les cròniques mos diuen que històricament el Cap i Casal sempre fon més gran que Barcelona), o que no pot tindre una normalisació llingüística netament valenciana (i per això importen l'idioma català en lloc d'importar la seua política d'immersió llingüística pero en favor de la nostra llengua), o que no pot tindre un nacionalisme robust (quan el Regne de Valéncia fon independent dotze sigles i Catalunya mai). Els acomplexats pensen que degut a la nostra incapacitat per a desenrollar-mos com a poble en identitat pròpia, lo millor que mos pot passar és convertir-mos en la quinta província de Catalunya a vore si aixina se mos apega alguna cosa dels veïns del nort, igual que Bielorrússia accepta sumissa i voluntàriament ser colònia de la Federació Russa. Pero només el neci creu que és igual que et conviden a taula en calitat d'amo que de criat.

No importa allà a on mires; en el Regne de Valéncia només trobes meninfotisme i complex d'inferioritat pertot. És este un poble mans i sumís al que quan més el chafes en més delectació besa la bota que l'oprimix, una nació d'esclaus enamorats de les seues cadenes, la societat que tot dictador desijaria dominar perque encara que li escopinyes en la cara no es rebela mai. Este país disfrassa la seua covardia de tolerància i fa d'un gest -l'alçar els muscles- tot un símbol de la seua manera de ser. Valéncia és la que sempre se baixa els pantalons, es fica vaselina en el cul i encara demana perdó per donar l'esquena. Els nostres governants estan venent a trossos la nostra pàtria, la tracten com si fora una bagassa que es ven al millor postor, perque la valenciana és una societat de borinots a la que li dona igual una cosa que la contrària. Som eterna moneda de canvi de les negociacions entre Madrit i Barcelona. Som el passotisme convertit en nació.

Des de fa sigles patim un bombardeig en les nostres senyes d'identitat. Que si el castellà és més refinat. Que si el valencià és una llengua folclòrica que només val per a casa i la falla. Que si el català és científic i el valencià coloquial. Que si canvie al castellà per bona educació. Que si la sòrt és parlar un idioma compartit per molts millons de persones en el món. Que si *a mí me habla usted en cristiano*. Que si el valencià no aprofita per a res, que millor deprendre anglés que és més útil. Que si el valencià és un dialecte perque ho diuen totes les universitats del món. Que si defens la Real Senyera eres fasciste. ¿Quí mos ha ficat eixa mentalitat absurda dins de lo cap? ¿Quí mos ha convertit en mediocres si abans mosatros érem un poble avançat i brillant? ¿Quí mos ha inoculat, com si d'un virus es tractara, uns complexos tals? ¿A qui li beneficia una Valéncia dèbil, pusilànim i carent del més elemental amor propi? Òbviament als valencians no.

Els espanyols i els catalans mos han fet creure que Valéncia és massa insignificant i menuda com per a ser alguna cosa per sí mateixa, que lo millor que mos pot passar és formar part d'una pàtria més gran, Espanya o països catalans. I els valencians no mos donem conte de que la situació és precisament l'inversa. Mosatros hem passat a ser un país decadent en el moment en que hem acceptat que la nostra nació forme part d'una atra nació, per a quedar diluïts dins d'ella com una simple regió. Quan érem un Estat tinguérem el primer Sigle d'Or lliterari d'una llengua neollatina, el primer diccionari romànic, la primera traducció de la *Bíblia* a un idioma romànic, el primer llibre imprés en la Península Ibèrica... ¿Quan ha vixcut Valéncia glòries majors que quan fon independent? Mai. En el moment en que hem acceptat convertir-mos en apèndix d'Espanya o de Catalunya hem passat a llançar tota la nostra història per la latrina com si fora un excrement pútrit.

El poble valencià és digne de llàstima, pero no té per qué ser aixina sempre. Pot (i deu) canviar. El filòsof Friedrich Nietzsche es queixava de que en Alemanya únicament trobava servilisme i mediocritat pero hui eixe país governa l'Unió Europea (UE). Durant sigles els flamencs patiren la supèrbia dels valons que els acusaven de "poble de camperols" i de parlar un "dialecte incult" pero ara Flandes és molt més rica que la decadent Valònia i ha recobrat l'orgull de ser flamenc. Irlanda fon una colònia salvagement explotada per l'Imperi Britànic pero actualment és u dels Estats més rics del planeta en renda per càpita, superant per molt a l'antiga metròpoli de Londres. El judeus deambularen errants per tots els racons de la Terra pero en acabant de 2.000 anys de no existència, Israel resucità i tornà a ser un Estat sobirà. Per tant, ¿quí diu que els valencians no podem ser capaços de recuperar les llibertats nacionals i les glòries del nostre Sigle d'Or?

Josué Ferrer

7. ELS BENEFICIS DE L'INDEPENDÈNCIA

"¿Coneixes *Civilization*, el videojoc en el que has de construir un imperi? Be. ¿Quin país elegiries tu: u nano, sense matèries primes i un clima de merda o u vint voltes més gran, emplaçat sobre un enorme jaciment petrolífer? ¿Llavors, per qué a Veneçuela li va com li va i Estònia va a cent per hora? Perque ací tots saben que per a viure en un país chicotet i desenrollar-se cal obrir-se al món".
Javier Ortiz de Artiñano (empresari vasc, inversor en Estònia).

7.1. L'ESTAT ESPANYOL VIU ELS SEUS ÚLTIMS ESTERTORS.

Com més es qüestiona l'integritat territorial d'una Espanya agonisant que viu els seus últims estertors, més brama la caverna d'Almansa per la sacrosanta unitat nacional d'un país que ya ningú es creu. Cíclicament, la prensa més monàrquica, conservadora i espanyola trau a la palestra a algun catedràtic d'Economia d'alguna universitat de la Meseta per a profetisar que si Euskadi s'independisa se n'anirà a la ruïna. El pseudoexpert alerta de que la sobirania lliberaria les sèt plagues bíbliques. I ho fa en una série d'arguments puerils propis de les mentalitats nacionalbanalistes de la Villa y Corte.

Diuen per eixemple que un Euskadi independent seria un Estat massa menut com per a poguera ser competitiu en el pla internacional (¡com si la renda per càpita tinguera alguna cosa que vore en l'extensió territorial!). Ya voldrien els espanyols tindre el sòu d'un treballador d'Islàndia, Irlanda,

Dinamarca, Suïssa, Mónaco o Luxemburc, tots ells Estats molt més menuts que l'Espanya canyí. Ara resultarà que als vascs els estan fent un favor obligant-los a mantindre a una sèrie de ganduls andalusos que -a modo de castes parasitàries- preferixen viure de subvencions que de la seua pròpia suor.

Una atra excusa igualment risible és la de que Euskadi, que exporta més del 70% dels seus productes a Espanya, s'afonaria en la misèria perque els espanyols li farien boicot i no comprarien res. ¿I cóm van a impedir que un senyor de Burgos compre un producte vasc? ¿El fusilaran si ho fa? Que yo sàpia, els servis continuen comprant productes als eslovens, i els checs als eslovacs. ¿Per qué hauria de ser distint ací? I si ho fora ¿acàs Euskadi no podria redirigir les seues vendes a uns atres mercats? ¿Qué faria l'Estat Espanyol per a impedir la lliure circulació de les mercaderies en Europa?

També afirmen que si Euskadi se separa d'Espanya no entrarà en l'Unió Europea (UE). Pero si Euskadi es constituïx en Estat i complix els requisits d'ingrés en la UE ¿quí negarà l'ingrés i alegant qué? En la Meseta poden mastrullar lo que vullguen pero en Brusseles saben que el dia que Flandes o Escòcia s'independisen formaran part de la UE. I igual per als vascs. De fet, els artículs 16[23] i 17.1[24] de la Convenció de

---

[23] Artícul 16 de la Convenció de Viena sobre successió d'Estats en matèria de tractats de 1978: "Posició respecte dels tractats de l'Estat predecessor. Cap Estat de recent independència estarà obligat a mantindre en vigor un tractat, o a passar a ser part d'ell, pel sol fet de que en la data de la successió d'Estats el tractat estiguera en vigor respecte del territori al que se referixca la successió d'Estats".

[24] Artícul 17.1 de la Convenció de Viena sobre successió d'Estats en matèria de tractats de 1978: "Participació en tractats en vigor en la data de la successió d'Estats. Sense perjuí de lo dispost en els paràgrafs 2 i 3, un Estat de recent independència podrà, per mig

Viena de 1978 afirmen que un territori escindit pot -si vol- tornar a formar part de les institucions de les quals formara part l'Estat mare. Tot lo que deu fer és comunicar-ho a les parts.

Pero supongam per un moment que no fora tan senzill, que Espanya poguera vetar l'ingrés d'Euskadi en la UE i que en Brusseles foren tan borinots com per a consentir-ho. ¿I qué? En el fondo Euskadi eixiria guanyant ya que podria tindre una sobirania plena i no viuria al dictat d'Alemanya. Hi ha molts Estats que estan fòra de la UE i que viuen millor que els que estan dins: Islàndia, Noruega, Andorra, Mónaco, Suïssa, Liechtenstein, Israel... No cal ingressar en l'Unió per a beneficiar-se d'ella; en firmar un tractat de lliure comerç ab la UE per a comprar i vendre sense pagar aranzels tens de sobra.

Un atre dels arguments contraris a la llibertat d'alguna de les nacionalitats i regions que componen l'Estat Espanyol és que si eixe territori X s'independisa, més tart este mateix país continuarà dividint-se fins a l'infinit en atres més menuts. Això és com esperar que perque Chèquia s'independisà de Checoslovàquia en 1993, Praga s'hauria de seccessionar de Chèquia, un barri de Praga hauria de separar-se de Praga i aixina successivament fins a les nanoformes de vida. Ya hem vist que tot això no ha ocorregut i sabem també quina és l'alternativa que mos oferixen estos *senyors*: tots espanyols i a callar.

Per últim diuen que un Estat menut no tindria cap pes internacional. Potser siga aixina. Pero ¿acàs el té Espanya? L'Estat Espanyol no és que no estiga en el G-8 (club elitiste

d'una notificació de successió, fer constar la seua calitat de part en qualsevol tractat multilateral que en la data de successió d'Estats estiguera en vigor respecte del territori al que se referix la successió d'Estats".

de les huit nacions més industrials del món), sino que no li deixen entrar ni en el G-20, del que formen part Estats de mig pèl com Mèxic, Indonèsia o Turquia. I dubte molt que ingressara en un hipotètic G-50. Espanya no pinta res ni en la ONU ni en la UE. No té cap pes ni prestigi en el món, per lo que posats a ser igualment un Estat sense cap influència internacional -si és el cas-, com a mínim tin un país lliure.

Hi ha qui pensa que no té sentit una Valéncia independent, que seria un país massa insignificant i menut, pero la realitat és que els anys més gloriosos de la nostra història es remonten a quan érem un Regne sobirà. A partir de juntar-mos en els castellans començà a anar-mos malament. I com més mos hem relacionat en els catalans més perjudicats hem eixit sempre. No cal ser un país gran per a ser important: que li ho diguen a Holanda o a Israel. Ademés, el pes d'Espanya en el món és inferior de lo que creem; la seua influència es circumscriu a les repúbliques bananeres d'Amèrica Llatina i poc més.

No necessitem a Espanya per a ser importants... Aixina que ¿per qué no independisar-mos? La grandea d'una nació no es medix pel seu número de quilómetros quadrats, sino pel talent dels seus genis, l'audàcia dels seus governants i el patriotisme del seu poble. I per a demostrar-ho, baste constatar que els Estats més grans del planeta són eminentment tercermundistes (vore document 7.2), que les nacions en millor renda per càpita de l'orbe són menudes (document 7.3) i que els Estats en millor índex de desenroll humà -és dir, a on millor viu la gent- solen ser països chicotets (document 7.4).

7.2. ESTATS MÉS GRANS DEL MÓN (SENYES DE 2006).

Lloc	Estat	Extensió (km2)	Població	PIB per càpita (en dólars americans)
1	Rússia	17.075.200	142.893.540	6.856
2	Canadà	9.984.670	33.098.932	35.494
3	Estats Units	9.631.420	302.688.000	44.024
4	China	9.596.960	1.313.973.713	2.001
5	Brasil	8.511.965	188.098.127	9.108
6	Austràlia	7.686.850	20.835.000	36.553
7	Índia	3.287.590	1.095.351.995	797
8	Argentina	2.766.890	38.970.611	5.458
9	Kazakstan	2.717.300	15.233.244	5.113
10	Sudan[25]	2.505.810	41.236.378	2.417

FONT: Organisació de Nacions Unides (ONU).

El vell mit de que la riquea d'una pàtria depén de la seua extensió territorial s'estrela contra la realitat. Dels dèu Estats més grans del planeta, sèt estan sumits en la més espantosa de les misèries. Clamen al cel les ínfimes rendes per càpita d'Índia, China o Sudan. Rússia, Brasil, Argentina i Kazakstan també estan fetes pols. Tan sols Estats Units, Austràlia i Canadà tenen un nivell de vida alt enmig d'un mareny de

---

[25] A partir de la secessió de Sudan del Sur votada en referèndum del 9 al 15 de giner de 2011, Sudan ha perdut la seua posició com a Estat més gran d'Àfrica i dècim del planeta. Un atre país africà, Algèria, és ara el dècim més extens de la Terra.

pobrea que és lo que sol proliferar en aquells Estats que són grans.

7.3. ESTATS MÉS RICS DEL MÓN EN PIB NOMINAL PER CÀPITA (SENYES DE 2006).

Lloc	Estat	PIB per càpita (en dólars americans)	Extensió (km2)	Població
1	Luxemburc	89.819	2.586	451.600
2	Noruega	72.430	385.156	4.640.219
3	Qatar	62.914	11.437	863.051
4	Suïssa	53.246	41.285	7.261.200
5	Islàndia	53.001	103.125	299.388
6	Irlanda	51.800	70.273	4.234.925
7	Dinamarca	50.931	43.094	5.447.084
8	Estats Units	44.024	9.631.418	302.688.000
9	Suècia	42.179	449.964	9.127.058
10	Països Baixos	40.049	41.526	16.297.196

FONT: Fondo Monetari Internacional (FMI).

Dels dèu Estats en els ciutadans més rics del món nou són nacions menudes. Únicament Estats Units, com país gran, està en una classificació dominada per Estats de dimensions reduïdes. A pesar de que alguns Estats com Noruega o Suècia tenen una extensió territorial mijana, la seua escassa demografia fa que els analistes conten en ells com si foren nacions chicotetes en la pràctica. Aixina, els països menuts guanyen als grans nou contra u en la classificació dels més rics.

7.4. ESTATS MÉS RICS DEL MÓN EN PIB PER CÀPITA (PARITAT DE PODER ADQUISITIU) (SENYES DE 2006).

Lloc	Estat	PIB per càpita (en dólars internacionals[26])	Extensió (km2)	Població
1	Luxemburc	81.511	2.586	451.600
2	Irlanda	44.676	70.273	4.234.925
3	Noruega	44.648	385.156	4.640.219
4	Estats Units	43.223	9.631.418	302.688.000
5	Islàndia	40.112	103.125	299.388
6	Suïssa	38.706	41.285	7.261.200
7	Països Baixos	36.937	41.526	16.297.196
8	Dinamarca	36.920	43.094	5.447.084
9	Qatar	36.632	11.437	863.051
10	Àustria	36.368	83.871	8.151.000

---

[26] El dólar internacional és una unitat monetària hipotètica que té el mateix poder adquisitiu que el dólar americà té en Estats Units en un moment concret. Esta unitat mostra quant val una unitat d'una moneda local dins de les fronteres del país. Les conversions a dólars internacionals se calculen utilisant la paritat del poder adquisitiu (PPA). La PPA és la quantitat d'unitats monetàries locals que es necessiten per a adquirir, dins d'un país en qüestió, la mateixa cantitat de bens que en Estats Units se comprarien en un dólar americà. Els bens deuen ser iguals o comparables per lo manco.

L'Estat Valencià

FONT: Fondo Monetari Internacional (FMI).

Un càlcul més realiste que el de la renda per càpita és el de la paritat de poder adquisitiu ya que computa no sols el sòu, sino també el cost de la vida. Aixina, dels dèu primers Estats del món en major poder adquisitiu nou són menuts. Tan sols Estats Units apareix en la classificació com l'únic país en un tamany i una població considerables. Cal destacar que les tres nacions a on millor s'arriba a final de més (Luxemburc, Irlanda i Noruega) tenen menys habitants que el nostre país.

7.5. ESTATS DEL MÓN EN MILLOR ÍNDEX DE DESENROLL HUMÀ (SENYES DE 2005 PUBLICADES EN 2007).

Lloc	Estat	Valor de l'Índex de Desenroll Humà
1	Islàndia	0,968
2	Noruega	0,968
3	Austràlia	0,962
4	Canadà	0,961
5	Irlanda	0,959
6	Suècia	0,956
7	Suïssa	0,955
8	Japó	0,953
9	Països Baixos	0,953
10	França	0,952

FONT: Organisació de Nacions Unides (ONU).

També en esta classificació, que valora l'esperança de vida, la taxa d'alfabetisació de persones adultes, la taxa bruta de matriculació en ensenyança primària, secundària i terciària o la renda per càpita, entre unes atres senyes de benestar social, veem que les nacions menudes són majoria de sis (Islàndia, Noruega, Irlanda, Suècia, Suïssa i Països Baixos) per tan sols quatre grans (Austràlia, Canadà, Japó i França). Islàndia, en 300.000 habitants, és el país del món a on millor es viu.

7.6. L'INDEPENDÈNCIA PORTA LA LLIBERTAT I LA GLÒRIA.

L'independència és lo únic que pot salvar a un poble oprimit de la dominació política, l'explotació econòmica i la substitució llingüística i cultural. L'única forma de que una minoria ètnica no siga avassallada per la majoria dominant és que es dote d'un Estat propi a on ella siga la majoria. En no poques ocasions, el territori escindit acaba superant en benestar a l'Estat del que prové perque, una volta que no hi ha ningú que li pose pals en les rodes, un poble, per míser que siga, pot créixer sense mida quan abans el seu desenroll era llimitat per una metròpoli sangonera que li chuplava la sanc.

Vejam uns quants eixemples:

ESTATS UNITS D'AMÈRICA.
<u>Abans de l'independència (1607-1783)</u>

Des de que els anglesos s'instalaren en el primer assentament permanent de Jamestown en 1607, els colons americans patiren l'imperialisme salvage i centraliste de Londres. Anglaterra va portar l'esclavitut i un derramament de sanc sense precedents entre les tribus natives d'Amèrica. Els nortamericans creaven molta riquea per a la metròpoli pero no podien decidir sobre els imposts, per lo que se sentien marginats i no representats. La llealtat militar cap a l'Imperi sempre fon recompensada en la més dura repressió i en un sanguinolent espoli fiscal que gravà productes de primera necessitat. Farts de les sangoneres de Londres que els chuplaven la sanc, les tretze colònies americanes declararen l'independència en l'any 1776, lo que les catapultà a la guerra contra la metròpoli. Un general britànic arribà a presumir de que era capaç "de castrar a tots els hòmens de Nortamèrica". Finalment la guerra finalisà en 1783: era el naiximent d'Estats Units.

En acabant de l'independència (1783-X)

En el sigle XIX Estats Units s'expandí cap a l'oest i es transformà en una nació fabulosa. El XX fon el seu Sigle d'Or puix superà a tots els imperis que desafiaren la seua hegemonia. Hui posseïx l'eixèrcit més poderós del món, un arsenal atòmic capaç de rebentar la Terra com una pinyata i una influència política que s'estén als sis continents. L'economia d'Estats Units és la més dinàmica del planeta i l'autèntic bastió del capitalisme; el dólar americà és la moneda referent en les transaccions econòmiques internacionals. El país és una de les primeres potències mundials en PIB nominal, renda per càpita i índex de desenroll humà. La seua indústria cinematogràfica i audiovisual ha exportat l'estil de vida americà pertot. Són els líders en deport i ciència, com prova l'altíssim número de medalles olímpiques, invents i Premis Nobel nortamericans. Estats Units ha passat de ser colònia a Imperi, de ser controlat des de fòra a governar el món.

Josué Ferrer

IRLANDA.

<u>Abans de l'independència (1801-1922)</u>

També el sofrit poble irlandés gojà dels *beneficis* que suponia pertànyer al gloriós Imperi Britànic; en el sigle XIX l'Estat més temible del planeta. Els natius hagueren de patir que la llengua irlandesa i la cultura celta foren desplaçades en favor de l'anglés i la cultura anglosaxona. Durant més de cent anys Irlanda fon el rebost agrari que proveïa d'aliments als mateixos soldats britànics que en acabant la subjugaven. Pero entre 1846 i 1848 una plaga arruïnà la collita de la creïlla en Irlanda i més de dos millons de persones moriren de fam i dos millons més emigraren per a no córrer el mateix destí. La població baixà en un radical 50%: de huit millons d'habitants a quatre. Els polítics britànics, com el primer ministre Robert Peel, no menejaren ni un dit per a socórrer als irlandesos als que tantíssim explotaven. I la regina Victòria d'Anglaterra solament aportà l'equivalent a 100.000 dólars per a auxiliar als súbdits que morien de fam.

<u>En acabant de l'independència (1922-X)</u>

La salvage explotació a la que fon somesa l'illa feu que el nou Estat fora, des del seu naiximent, u dels més pobres del món i els irlandesos un famolenc poble de menjacreïlles. Pero la seua política d'imposts baixos, excelència acadèmica, noves tecnologies i captació d'inversions estrangeres feu despuntar l'economia. Eire passà de país agrari a industrial. Entre 1995 i 2000 Irlanda creixqué un 10% anual, lo que li valgué el sobrenom de "tigre celta". A principis del sigle XXI l'indústria suponia el 38% del PIB, el 80% de les exportacions i el 28% de l'ocupació laboral. La plena ocupació passà d'utopia a ser un fet. Segons el Fondo Monetari Internacional (FMI), la República d'Irlanda era en

2005 el segon país més ric del món en poder adquisitiu, superant en molt als britànics. Hui el gaèlic irlandés és oficial en l'Estat i s'aposta per la cultura celta. Els seus ciutadans han recobrat l'amor propi i somien en la reincorporació d'Irlanda del Nort.

ISLÀNDIA.

Abans de l'independència (1264-1944)

Islàndia està constituïda, en la seua gran majoria, per descendents de noruecs, danesos, escocesos i irlandesos. L'illa fon una república independent entre 930 i 1264, pero pel Vell Tractat de 1263 el país quedà somés al Regne de Noruega. En 1381 Islàndia i Noruega foren conquistades per Dinamarca pero quan Noruega se separà de Copenhague en 1814, Islàndia quedà dominada per esta última. Des de 1918 l'illa fon un Estat sobirà baix la Corona Danesa, i a partir de 1944 se proclamà república independent. Tant noruecs com danesos només veren en Islàndia una colònia en la que apropiar-se dels seus rics bancs peixquers i de la seua cultura. Aixina, a principis del sigle XX era una pàtria medieval que no contava en camins ni ponts interiors i tot el comerç estava en les mans de les empreses daneses. L'explotació era demencial. Sols a partir de declarar l'independència és que l'illa pogué erradicar el tercermundisme, la desolació i la fam.

En acabant de l'independència (1944-X)

Islàndia és una de les nacions líders de l'orbe en renda per càpita, índex de desenroll humà, defensa dels drets humans, benestar social, baix nivell de corrupció i en ecologisme, fins al punt de contar en coches que funcionen en hidrogen i no en gasolina. El país designà en 1980 a Vigdís Finnbogadóttir la primera dòna del món triada cap d'Estat de forma democràtica. En lo cultural, llunt de voler ofrenar noves glòries a Dinamarca o Noruega, el poble decidí que l'islandés no era cap dialecte sino una llengua independent. Hui Islàndia és l'Estat que més llibres edita del món en relació al número d'habitants, les seues lletres són tan riques que conten en un Premi Nobel de Lliteratura (el de 1955, Halldor Killnar Laxness), fet insòlit per a un idioma de sols 300.000 usuaris. Inclús conta en un sistema puriste que prohibix els estrangerismes i crea nous vocables a partir de casticismes existents per a preservar el geni d'una llengua prestigiosa i culta.

LITUÀNIA.
Abans de l'independència (1385-1991)
El país fon un Estat medieval independent i fort: el Gran Ducat de Lituània. L'unió de les monarquies lituana i polonesa i la creació d'una federació entre els dos països en el sigle XVI portà a la decadència lliterària de Lituània i a la polonisació de la cultura i les èlits ilustrades. En el sigle XVIII, Caterina II de Rússia invadí Lituània i l'anexionà a l'Imperi Rus dins del qual malvixqué durant sigles. El sar Nicolau I someté ad este poble a un atroç procés de russificació que, en l'interrupció de l'ocupació alemana de Lituània (1915-1918), continuà en l'época soviètica. El lituà ocupà el trist paper de llengua familiar de la gent pobra, mentres el rus (i el polonés, segons els moments) era l'idioma de la cultura, del prestigi i de la noblea. Als lituans els inculcaren que si es tancaven en sa llengua insignificant no serien res; que la major sòrt que podrien tindre era compartir la llengua (el rus) parlada per molts millons de persones en el món.

En acabant de l'independència (1991-X)

Lituània fon independent en periodos breus de temps intercalats entre les eres de dominació de Polònia, Alemanya, Mongòlia, Rússia o Unió Soviètica. Abans de 1991, el país estava ple de russoparlants monolingües que no es dignaren mai en sa vida a deprendre ni a parlar el lituà puix el bilingüisme forçat dels lituans els ho fea innecessari. Pero hui el lituà és l'única llengua oficial de l'Estat i l'idioma vehicular en l'ensenyança. Lituània és una pàtria d'hòmens inteligents, de gent culta i amable, de dònes belles, de joventut que pot mirar al futur en optimisme perque la seua identitat no es veu amenaçada per cap Imperi. Sense el jou soviètic, Lituània té una forta indústria textil, és el major productor de lli del món, és membre de ple dret de l'Unió Europea des de 2004 i una potència en el balocistella i el jazz. Manté una cooperació molt intensa en Estònia i Letònia i la seua cultura desperta l'interés i el respecte dels intelectuals en tot lo món.

ESLOVÈNIA.

Abans de l'independència (1918-1991)

Els eslovens eren el 8% de la població de Yugoslàvia pero aportaven el 25% del PIB del país aixina com la tercera part de les exportacions. L'explotació econòmica fon una constant: els seus recursos (petròleu, carbó, zinc...) foren posats al servici dels interessos centralistes de Belgrado i els imposts que pagaven servien per a construir infraestructures en Sèrvia i Macedònia. Els eslovens eren els més prooccidentals de tots els eslaus del sur i els que més insistentment reclamaven l'apertura democràtica i econòmica pero sols patiren una concatenació de dictadures: monarquia absolutista, fascisme i comunisme. Este poble sempre fon fidel a l'Estat pero quan criticà durament la suspensió de l'autonomia de Kosovo, els servis van promoure un boicot contra les empreses i productes eslovens. Això provocà l'ira independentista d'un poble lleal pero que finalment s'havia fartat d'ofrenar noves glòries a Yugoslàvia, de pagar i callar i del centralisme servi.

En acabant de l'independència (1991-X)

Despuix d'un llògic afonament inicial en els seus primers anys de llibertat, produït per la gravíssima crisis de la Guerra Civil de Yugoslàvia (1991-1995), Eslovènia ha mamprés un espectacular ritme ascendent. El país és el líder mundial en la fabricació d'elements per a deports d'hivern, el 20% dels genèrics del món són fabricats per les seues farmacèutiques i s'ha dotat d'una forta indústria automovilística i vitivinícola. La seua economia puixant fa que ya supere en renda per càpita a Portugal i Grècia, que tinga uns nivells de desocupació inferiors als de França o Alemanya i que otorgue notables ajudes socials per maternitat. L'independència ha permés a la república balcànica superar el tradicional aïllament de Yugoslàvia i formar part de ple dret del conjunt de les nacions desenrollades occidentals, com demostrà la seua adhesió a l'Organisació del Tractat de l'Atlàntic Nort (OTAN) i a l'Unió Europea (UE) en l'any 2004 i a l'euro en 2007.

7.7. LA DEPENDÈNCIA PORTA L'OCÀS I EL DECLIU.

Els Estats argumenten que l'unió fa la força, que lo millor que li pot ocórrer a un territori menut és formar part d'un Estat gran perque de lo contrari s'haurà de resignar a tindre una història insignificant. Pero molts països menuts han tingut una gran época d'esplendor i ha segut precisament quan han acceptat formar part d'una entitat política major, que han s'han vist abocats a la més infausta i aberrant de les decadències. ¡Quantíssimes regions han de remontar-se en nostàlgia als seus temps d'independència per a poder reverdir els vells llorers i parlar de la glòria passada de la que ya no gogen hui!

Vejam alguns eixemples:

VALÉNCIA.
Abans de l'anexió (Sigle VI-1707)
Leovigilt és el primer rei valencià, en el sigle VI[27]. En 1238 el rei Jaume I *el Conquistador* l'arrebatà als musulmans. Dotat de Corona, sobirania, Corts i Furs propis; l'Estat Valencià fon un país de poetes i comerciants, una nació rica en prosperitat i cultura. El primer Sigle d'Or d'una llengua neollatina (XV) fon en valencià; el *Tirant lo Blanch* de Joanot Martorell i escrit en valencià es considera "el millor llibre del món"; el primer diccionari romànic és el de Joan Esteve, en llatí i valencià (1472); la primera traducció

---

[27] L'arqueòlec valencià Miquel Ramon Martí ha descobert que el primer rei documentat de l'història de Valéncia fon el visigot cristià Leovigilt, allà pel sigle VI. Una troballa d'una moneda de l'any 583 a on podem vore el seu rostre i l'inscripció *Rex Valenta* (Rei de Valéncia) ho corrobora. Açò significaria que l'existència del Regne de Valéncia (en forma d'una ciutat-Estat que és com eren les antigues nacions de l'Europa Medieval) és molt més anterior de lo que imaginàvem. El seu llibre, *Visigots, Hispano-romans i bizantins en la zona valenciana en el sigle VI (Espanya)*, mos parla d'este tema. També és molt recomanable el seu llibre *Una fundació de Valéncia (Hispània). Antítesis de la tesis actual*, que mos descobrix que la fundació de la Ciutat de Valéncia és anterior a la de 138 A.C. del consol romà Junius Brutus.

de la *Bíblia* a una llengua romànica és de Bonifaci Ferrer; i en valencià (1478); el primer llibre imprés en la Península Ibèrica és en valencià, *Les trobes en lahors de la Verge Maria*, fet en Valéncia (1474), per autors valencians, etcétera. Valéncia era el far de la civilisació, la Nova York de l'época, i el nostre un país dels més avançats del món, tant que els estrangers testimoniaven admirats les maravelles que ací havien vist.

En acabant de l'anexió (1707-X)

Els Decrets de Nova Planta del rei Felip V significaren l'abolició dels Furs, la pèrdua de la sobirania i la dissolució de l'Estat Valencià. La nostra societat patí un intens procés de castellanisació pel que la llengua fon desterrada de l'escola, el dret castellà substituí al valencià i inclús s'arribà a prohibir que els nostres chiquets foren batejats en noms autòctons. Hui mos sacrifiquem per l'unitat d'Espanya i esta mos recompensa posant-mos el català en les escoles. Paguem les pensions a manchecs i aragonesos i mos bramen que ni una gota d'aigua per als valencians. Patim un espoli fiscal a mans de l'Estat pel qual els nostres imposts sufraguen grans infraestructures en Madrit i Catalunya mentres ací ni tan sols es resolen les deficiències més bàsiques. No som més que una moneda de canvi en les negociacions entre Madrit i Barcelona i mos estan venent a trossos. I no van a parar fins que sigam catalanets del sur. Aixina paga Espanya a qui li és lleal.

ARAGÓ.

Abans de l'anexió (1035-1707)

El Regne d'Aragó naix de l'unió dels comtats d'Aragó, Sobrarde i Ribagorza en la figura del rei Ramiro I. A pesar d'haver de competir en francs pel nort, i en al-andalusís pel sur, Aragó descollà com una gran potència europea que estengué la seua influència pel Mediterràneu. Especialment, baix l'ègida del rei Jaume I *el Conquistador*. El Regne d'Aragó arribà a tindre jurisdicció política sobre el Senyoriu de Montpellier, els vescomtats de Fenolledas i Carlades, la baronia d'Omelades, els comtats de Barcelona, Girona, Ausona, Urgell, Besalú, Cerdanya, Els dos Pallars, Ampúries i Roselló, el regnes de Valéncia, Múrcia, Mallorca, Còrsega, Sardenya, Sicília, Nàpols, els ducats d'Atenes i Neopàtria i un llarc etcétera. Els aragonesos sempre respectaren l'identitat de cada poble i per això preferiren crear nacions noves en lloc d'anexionar-se territoris sense més. Aixina crearen un fabulós conjunt d'Estats-nació en la Corona com a nexe d'unió.

En acabant de l'anexió (1707-X)

Els aragonesos tan sols cometeren un erro: aliar-se en els castellans. Castella representava un model de pàtria opost i incompatible: anexió dels territoris, monolingüisme castellà, centralisme i homogeneïsació. No per casualitat Castella aplicà un vet a Aragó a la colonisació d'Amèrica. La situació es deteriorà tant que acabà en la Guerra de Successió (1701-1715) per control dels trons. El vencedor, Felip V de Castella, firmà els Decrets de Nova Planta en 1707, pels quals Aragó s'integrà dins del Regne d'Espanya. Des de que és espanyol, Aragó s'ha convertit en el Tercer Món, en una terra a on més allà de Saragossa sols està el desert, un païsage de devastació on no veus res en l'horisó més allà de pastors i borreguets, llocs a on mai han vist un tren, i una emigració massiva de gent que ha de fer les maletes per a no morir de fam. L'aragonés oriental està sent substituït pel català i l'altaragonés pel castellà, espentant-los al dos a l'abisme del no res.

MALLORCA.

Abans de l'anexió (Sigle 799-1715)

El Regne de Mallorca fon fundat per Carlo Magno en 799. Mallorca, baix el regnat de Mohamed ben Ganya Ibn Ishaq conquistà el nort d'Àfrica i dominà des d'Oran fins a Túzer, en Tunícia, i es fundaren grans escoles de juristes. Durant el domini cristià Mallorca vixqué una època d'esplendor i prosperitat: en 1300 el rei Jaume II de Mallorca feu les *Ordenacions*, primer pla de concentració poblacional d'Europa; el rei Sanç I creà el primer sistema de seguritat social, el primer del món, per als hòmens de la mar i en 1374 Mallorca arribà a presentar-se front a les muralles de Barcelona per a assaltar-la. Les lletres balears donaren a llum a eximis lliterats de la talla de Ramon Llull. La comunitat judeua balear impulsà l'escola mallorquina de cartografia, la més famosa fins a la seua dissolució en l'Edat Moderna i que donà a l'humanitat grans cartógrafs i cosmógrafs. El Regne de Mallorca fon una potència cultural i comercial, un país ric.

En acabant de l'anexió (1715-X)

Com a fruts amarcs de la Guerra de Successió, Mallorca -últim bastió de la resistència austracista- va perdre els seus Furs i la seua sobirania nacional per a passar a convertir-se en una trista regió espanyola. En l'actualitat, els balears s'han convertit en criats que obeïxen en sumissió canina a catalans i alemans. L'idioma balear es troba prohibit en favor del pancatalanisme rampant. L'espanyol, el català, l'anglés i inclús l'alemà gogen d'un tracte més favorable que la llengua de Llull. Les Balears és una de les autonomies més espremudes fiscalment per l'Estat, a pesar de la qual cosa rep tan poques inversions que els seus habitants deuen desplaçar-se a la Península en busca dels servicis dels que carixen en les illes. El caràcter mans i sumís dels balears choca frontalment en l'idiosincràsia d'un país de pandereta com Espanya en el que qui més brama és el que té la raó... Mallorca ha passat de ser un regne històric a un detritus del que tot lo món se'n riu.

CASTELLA.
Abans de l'anexió (1000-1715)
Sorgit a partir de les cendres del Regne de Lleó, el Regne de Castella acabà deglutint al seu predecessor. Poc a poc, Castella anà creixent i fent-se cada volta més forta. Durant la reconquista, Castella acabà per destruir Al-Andalus i aixina consagrà la seua hegemonia sobre la Península Ibèrica. Isabel de Castella es casà en Ferran d'Aragó i juntaren els distints regnes i nacions baix el domini d'una sola família real, pero sense que això suponguera l'absorció d'un regne dins d'un atre. El descobriment d'Amèrica per Cristòfol Colon (1492) propicià el primer Imperi de dimensions planetàries de l'història compost per un grup de regnes, virregnats, nacions i colònies que actuaven a les órdens de l'emperador: el rei de Castella. Inclús s'arribà a conseguir la total unitat de la Península en l'incorporació d'Andorra i Portugal, pero durà poc. Durant els sigles XVI i XVII, el vetust Regne de Castella arribà a ser la nació més poderosa sobre la faç de la Terra.

<u>En acabant de l'anexió (1715-X)</u>

Fins a 1715 hi hagueren molts regnes en un sol rei, molts Estats sobirans en un sol cap d'Estat. A partir de la Guerra de Successió, Felip V juntà lo que eren varis regnes en u sol i lo que fins ad eixe moment s'havia conegut com les Espanyes -en plural- passà a ser definitivament Espanya -en singular-. A partir d'aquell moment, en totes les nacions unificades baix l'ègida d'un dictador, Castella es precipità cap a la decadència. Derrotes contra França, Gran Bretanya i Estats Units, l'emancipació de les colònies, el retart històric front a unes atres potències, l'aposta per la refeudalisació front a l'industrialisació d'Europa del Nort o les guerres civils catapultaren a Castella a la bancarrota i a un intens procés d'africanisació. Hui Castella és una grotesca planura repleta de brosses i matolls a on la gent naix en la maleta baix del braç. A mida que Castella s'ha identificat cada volta més en Espanya ha anat transformant-se cada volta més en el Tercer Món.

VÉNETO.

<u>Abans de l'anexió (727-1797)</u>

La ciutat-Estat de Venècia s'independisà de Bizanci en 727. No obeïa a l'emperador bizantí ni al Sacre Imperi. En l'Alta Edat Mija, Venècia s'expandí per l'Adriàtic gràcies al control del comerç en Orient. La seua flota fon determinant per al saqueig de Constantinoble en la quarta creuada (1204). La debilitat de Bizanci li permeté anexionar-se Creta i Eubea. En 1489 conquistà Chipre. En el sigle XV el Ducat de Milà i la República Véneta es disputaven l'hegemonia de la Península Itàlica. Solament una aliança de França, Àustria, Aragó i Estats Pontificis conseguí detindre la seua expansió. A partir d'ahí començà son decliu front a l'auge de l'Imperi

Otomà. Cap al sigle XVIII, Véneto era un país decadent que Napoleó Bonaparte liquidà en 1797 i repartí com un pastiç entre francesos i austríacs. Vénets ilustres hi hagut molts, com per eixemple Antoni Vivaldi, Giacomo Casanova, Tiziano, Tintoretto, Giorgione, Canaletto, Marco Polo, etc, etc.

En acabant de l'anexió (1797-X)
Ab el Gran Teatre La Fenice, el carnaval vénet o la Bienal de cine, Véneto continua sent un referent cultural en Europa, encara que no és ni l'ombra de lo que fon en sos temps de república. Véneto fon anexionat militarment per Itàlia en 1866. Per a llegitimar l'invasió es celebrà un referèndum delirant a on el poble havia de ratificar l'anexió al nou Estat Italià: cada persona que arribava al lloc de votació tenia davant d'ella un gendarme, els funcionaris i dos urnes, una per al sí a la dreta i una atra per al no a l'esquerra, la propaganda electoral acusava de traïció als defensors del no i el reconte de vots fon un frau. En acabant de sigles de substitució llingüística, el 28 de març de 2007 per fi es reconegué que el vénet és un idioma i no un dialecte de l'italià pero tots els històrics personages vénets encara són considerats italians. El poble parla de la capital com "Roma lladrona" per l'espoli fiscal que promou, i malparla de les mafioses regions del sur.

Josué Ferrer

8. PER QUÉ UN ESTAT VALENCIÀ

"Cal fomentar l'emigració de gents de parla castellana a Catalunya i Valéncia per a aixina assegurar el manteniment del sentiment espanyol que comporta".
Leopoldo Calvo Sotelo (president del Govern Espanyol).

8.1. L'ESPLENDOR D'UNA NACIÓ.

Espanyols i catalans llancen bromera per la boca en quant senten parlar de la possibilitat d'una Valéncia sobirana. Mos volen fer creure que un Estat tan menut no podria subsistir, que millor ser una regió d'Espanya o dels països catalans. Pero la realitat és que quan rellegim la nostra història mos donem conte de que la nostra era més esplendorosa l'hem vixcuda quan érem un regne independent i que només a partir de confiar en castellans i catalans és que ha començat la nostra decadència fins a convertir-mos en el llamentable poble d'esclaus enamorats de les seues cadenes que som hui. Per molt que els cluixquen les dents a alguns mos anava molt millor quan érem independents que ara. I per a mostra un botó:

El primer Sigle d'Or d'una llengua neollatina (XV) fon en valencià; el *Tirant lo Blanch* de Joanot Martorell i escrit en valencià és considerat "el millor llibre del món" en paraules del lliterat Miguel de Cervantes; el primer diccionari romànic és el de Joan Esteve, en llatí i valencià (1472); la primera traducció de la *Bíblia* a una llengua romànica és de Bonifaci Ferrer i en valencià (1478); el primer llibre imprés en la Península Ibèrica és en valencià, *Les trobes en lahors de la Verge Maria*, fet en Valéncia (1474), per autors valencians, etc. Sempre hem tingut bon paper a on plasmar escrits científics o lliteraris perque en 1074 estava en Xàtiva la primera fàbrica de paper d'Europa, que exportava a tot lo món.

Hem tingut a autors de la talla de Joanot Martorell, Ausias March -el millor poeta del món en el sigle XV i autèntic renovador de la poesia trobadoresca-, Jordi de Sant Jordi, Joan Roïç de Corella, Jaume Roig, Sor Isabel de Villena, Bernat Fenollar, Narcís Vinyoles, Joan Moreno, Francesc de Castellví o Jaume Gassull, entre uns atres. Pero no sols hem tingut grans mestres de la paraula en llengua valenciana, sino inclús també en la llatina i la castellana, com per eixemple l'humaniste Joan Lluís Vives, autor de *Llàzer de Tormos*[28]. Pero el nostre elevadíssim grau de cultura i desenroll no es llimitava a l'idioma. Valéncia era el far de la civilisació, la Nova York de l'época, i este fet es notava en tot.

Bona prova d'açò és el primer manicomi de l'història, l'Hospital d'Innocents, folls e orats de Valéncia, fundat en 1409 pel mercedari Gilabert Jofré, que supongué el naiximent de la medicina siquiàtrica. O el Colege Imperial de Chiquets Òrfens de Sant Vicent Ferrer, el colege més antic del món, en funcionament ininterromput des de 1410. Els escacs moderns són obra de Francesch Vicent, qui introduí la dama en 1475 i escrigué el primer tractat d'escacs moderns de l'història, el qual exportà el coneiximent del joc-ciència a tota Europa. I en els últims cinccents anys sols hi hagut quatre papes no italians i la mitat d'ells procedia de

---

[28] El professor Francisco Calero és u dels màxims estudiosos del pensador Lluís Vives. Des de 2003 ha publicat diversos llibres i numerosos artículs a on demostra -en acabant de més de 15 anys d'estudis i investigacions- que este valencià fon l'autor de *Llàzer de Tormos*, considerada la segona obra més important en castellà per darrere del *Quixot*.

Valéncia -Calixt III i Aleixandre VI-, lo que mostra la puixança del Regne en el món.

El Regne també fon punter en dret. De fet, el Tribunal de les Aigües de Valéncia és l'institució de justícia més antiga d'Europa, datada de 960. L'Examinador d'Agravis fon el primer defensor del poble en tota l'història, que s'alvançà a Suècia i al restant del món en més de mig mileni. El *Llibre del Consolat de Mar*, de 1283, inspirà el modern dret marítim internacional. La Taula de Canvis, creada en 1407, és l'antecedent de la banca i el comerç moderns. La primera lletra de canvi del món se firma en la Llonja de mercaders, entre un comerciant valencià i un napolità. I no podem oblidar una llarga tradició en el camp de la medicina (Arnau de Vilanova, Lluís Alcanyís...), l'art (Josep Ribera...), etc.

Són només uns pocs eixemples de l'abast del nostre llegat històric, llingüístic i cultural. La nostra cultura és una de les més grans. Valéncia no té res que envejar a ningú perque està a l'altura de les grans civilisacions del món com Atenes, Roma, Israel, Egipte, Babilònia, Pèrsia, Aràbia, China, Índia, França, Itàlia, Alemanya, Anglaterra o Estats Units. No tenim res que envejar a ningú. I menys encara a castellans o catalans, pobles que encara lladraven quan el nostre ya era un país de poetes i comerciants, una nació culta i refinada que despertava l'admiració dels visitants. Pero tot començà a canviar a mida que mos mesclàrem en castellans primer, i catalans més tart. És gent que solament anhela la mort del nostre poble.

8.2. SIGLE XV-XX: LA NOSTRA LLEALTAT, LA SEUA TRAÏCIÓ.

Els orígens del Regne de Valéncia són més remots de lo pensat. Mos havien dit que el rei Jaume I *el Conquistador* el fundà en 1238. Posteriorment es creïa que abans d'ell els reis Mudafar i Mubarak fundaren en 1009 el Regne moro de Valéncia. Ara l'arqueòlec Miquel Ramon Martí ha demostrat que el primer rei documentat de Valéncia fon el cristià visigot Leovigilt, la qual cosa fa que mos hajam de remontar al sigle VI per a parlar de la fundació del Regne de Valéncia. Siga com siga, en la mida en que mos hem relacionat en castellans i catalans, sempre hem eixit malparats. Sense ànim de ser exhaustius examinarem cóm estos pobles sempre han pagat en la traïció i el despotisme la nostra condició de poble lleal:

Sigle XV. El Regne de Valéncia és el més pròsper de la Península; exporta ceràmica, sucre, paper, arròs, armeles, espart, llana, etc. a tota Europa. Gràcies a comerciants cristians, banquers judeus i agricultors moriscs el Regne finançà les campanyes militars d'Aragó pel Mediterràneu i l'expedició dels Reis Catòlics a Amèrica. Com a recompensa, Isabel de Castella entregà el monopoli del comerç en les Índies als ports de Cadis i Sevilla i l'inquisició castellana s'impon a la valenciana i s'expulsa a tots els judeus de la Península. Des de la boda dels Reis Catòlics es fa una política de nepotisme cap a Castella i es concep el govern peninsular com el d'una Castella ampliada, marginant a Aragó, Valéncia, Mallorca, etc.

Sigle XVI. A partir de 1550 hi ha un gran canvi: la llectura del castellà, entre els valencians, progressava. La noblea valenciana comença a emparentar-se en la castellana i es consuma l'inici d'un canvi llingüístic. El castellà succeïx al llatí en el paper de llengua culta i el valencià queda relegat a ser un idioma casolà, familiar. Se li atribuïx una superioritat al castellà per estar parlat per un major número de persones. La noblea esprem fiscalment al poble i la burguesia es rebela en la Revolta de les Germanies. El centralisme autoritari monàrquic, la pèrdua de pes de l'oligarquia valenciana i el fort retall de drets del poble valencià, s'obri pas en este sigle. La repressió i el lliberticidi vinguts de Castella s'instalen en el país.

Sigle XVII. Valéncia era una gran ciutat. Madrit era un simple poble castellà, transformat en una capital per estar prop d'un palau i un vedat de caça real. El rei Felip III firmà en 1609 un decret d'expulsió dels moriscs, que eren molt pocs en Castella pero la base de la prosperitat de l'economia valenciana. El Regne tardà quasi dos sigles en recuperar-se d'este colp (econòmica, cultural i demogràficament). I com, per proximitat geogràfica, es competix per la mateixa àrea d'influència quan a Valéncia li va be a Catalunya li va mal i viceversa. A partir d'eixe moment els catalans tenen via lliure. Els castellans propicien aixina l'ascens de Madrit i de Barcelona a costa de sacrificar a Valéncia, que perdia poder.

Sigle XVIII. Patírem la Guerra de Successió (1701-1715). El rei Felip V va abolir els nostres Furs i això comportà l'extermini del Regne de Valéncia com a nació lliure i sobirana i com a Estat independent en Europa i el món. A partir de la Batalla d'Almansa de 1707 els valencians passem a ser nacionalment espanyols. Per "just dret de conquista". Felip V usà al Regne com a cap de turc i la repressió fon moltíssim pijor que en Aragó o Catalunya. Xàtiva fon incendiada tota. El valencià passà a ser perseguit. El dret castellà substituí al valencià en totes les àrees. L'Iglésia Catòlica colaborà en la castellanisació de la societat fins al punt de prohibir batejar bebés en noms valencians. Es patí un infern dolorosament real.

Sigle XIX. El primer ministre Manuel Godoy deixa entrar en Espanya a l'emperador Napoleó Bonaparte, que l'invadix.

La guerra i el caos són tals que facilita l'independència de les colònies, que durant sigles havien enviat tot l'or i plata a Madrit. El rei Ferran VII tornà al poder i tallà tota incipient democràcia en favor de l'absolutisme monàrquic. El decret de 1833 de Francisco Javier de Burgos desquartera el Regne de Valéncia en tres províncies que únicament han creat provincians i sucursalisme espanyol. Mentres Europa s'industrialisa, democratisa i prospera, Espanya cau en un sigle de foscor i tenebres, una centúria de guerres carlistes i corrupteles que culminarà en l'afonament de l'Imperi en 1898.

Sigle XX. En acabant de dictadures i colps d'Estat, es toca fondo en la Guerra Civil (1936-39). El dictador Francisco Franco mai perdonà als valencians per ser capital de la República i defendre la democràcia. L'arròs i la taronja valencians sacien una Espanya rural i famolenca pero les divises que proporcionen es destinen a industrialisar Euskadi i Catalunya. A partir de 1960 el nostre turisme genera diners que se'n van fòra d'ací. Quan el feliç *Levante español* patix la riuada de 1957, Franco tarda una semana en presentar-se en Valéncia. La reconstrucció l'haguérem de pagar de la nostra bojaca i se mos prometé una presa en Vilamarchant que mai se va fer. Catalunya és forta i el pancatalanisme pren forma.

8.3. SIGLE XXI: OFRENANT NOVES GLÒRIES A QUI MOS NEGA LA LLENGUA I L'AIGUA.

Ser espanyol és un mal negoci per als valencians. Algú podria pensar que els històrics agravis i marginacions que hem patit són cosa del passat, fruit de dictadures d'unes atres époques. Pero hui, en esta pseudodemocràcia estem cada dia pijor. Tenim una classe política -traïdora, servil, mediocre i corrupta- que no es mereix ni el dret a respirar i que per contra mos està governant. Els valencians donem la cara per Espanya... i esta mos la trenca. Només cal vore cóm la prensa estatal retrata al valencianisme: extrema dreta, fascistes, cavernícoles... Quan lo únic que fem es reivindicar lo nostre. Ser espanyol és viure una contínua carrera d'obstàculs cap al nostre progrés. Ser espanyol és sofrir 365 humiliacions a l'any.

En la transició mos prohibiren crear l'autonomia per via especial (art. 151 de la Constitució de 1978) i mos impongueren la normal (art. 143). Digueren que Galícia, Euskadi, Catalunya i Andalusia eren nacionalitats històriques pero Valéncia no. A Euskadi i Navarra se'ls dotà de facenda foral i a mosatros no. En 1983 el PSOE llevà el valencià i posà el català. Durant anys vixquérem una agònica marginació en el finançament que tingué la puntilla en 1992 quan Barcelona gojà els Jocs Olímpics, Sevilla l'Expo, Madrit la capitalitat cultural europea i per a Valéncia... les factures. "Espanya 92 – Valéncia 0", digué encertadament el GAV[29]. Hui encara hi ha damnificats sense cobrar per la Pantanada de Tous de 1982.

En l'aspecte identitari i cultural no mos ha pogut anar pijor. La Dama d'Elig està seqüestrada en Madrit, els quadros d'artistes valencians com Josep de Ribera o Joaquim Sorolla també, els documents del Regne de Valéncia es troben en l'Archiu de la Corona d'Aragó (Barcelona), els documents incautats a valencians en la Guerra Civil (1936-39) estan en l'Archiu de Salamanca, i l'Amfiteatre romà de Sagunt patí en els huitanta una reforma que l'ha destrossat de dalt avall. I encara que els alts tribunals han fallat a favor de retornar-li el seu aspecte original, els polítics es neguen a acatar la sentència i volen conservar les reformes, tan monstruoses

---

[29]   Grup d'Acció Valencianista (GAV).

com illegals. Estan venent tot el nostre patrimoni poquet a poc.

Si en 1983 s'introduí el català en l'escola, hui el catalanisme és un càncer. Els nostres fills creixen en el català de Canal 9 i TV3 i estudien que la seua nació es diu països catalans, i que Ausias March, la Llonja, els Borja i inclús la paella són catalans. Els presidents Eduardo Zaplana (Valéncia), Jordi Pujol (Catalunya) i José Maria Aznar (Espanya) acordaren en 1996 crear la catalanista Acadèmia Valenciana de la Llengua (AVL) que en son dictamen de 9 de febrer de 2005 proclama que català i valencià són el mateix idioma. I ab la reforma estatutària de 11 d'abril de 2006 el president de la Generalitat, Paco Camps, introduïx la AVL (és dir, el català) dins d'eixa carta colonial que és el nostre Estatut de 1982.

En 1970 i per pressions catalanistes el diccionari de la Real Acadèmia Espanyola (RAE) rebaixà la definició de valencià de llengua a variant del català. La Biblioteca Nacional -d'Espanya- califica els llibres en valencià dins de l'epígraf Cat. El president del Consell d'Estat, Francisco Rubio Llorente, afirmà que Valéncia i Balears formen part de la "comunitat nacional catalana"[30]. En les Escoles Oficials d'Idiomes es pot estudiar "valencià-català". Si fórem un Estat independent no tindríem per qué aguantar açò, ni boicots a la Copa Amèrica de Vela ni que vingueren autobusos des de Barcelona a insultar-mos cada 25 d'Abril. I damunt el valencià podria ser una llengua oficial en l'Unió Europea (UE).

En l'aspecte econòmic vivim un abordage pirata. Se mos prometeren inversions que no arriben mai. No arriba el Parc

---

[30] *El presidente del Consejo de Estado incluye tres autonomías en la comunidad nacional catalana. Levante-EMV.* 10-3-2005.

Central -promés en 1991- que deu dotar al Cap i Casal d'una estació de ferrocarril del sigle XXI (i no una de poble, semblant a la de Fuenlabrada, com l'actual). Sevilla dispon de TAV[31] des de 1990; Valéncia capital dispon d'ell des de 2010 (vint anys més tart). I això que parle únicament del Cap i Casal puix ad este pas Castelló de la Plana, Alacant i Elig tindran un TAV el dia que ya tot lo món viage per teleportació. Això per no parlar de la llamentable situació que supon que ni tan sols hi haja una trista via de ferrocarril que unixca tot el Regne de Valéncia de Vinaròs a Pilar de la Foradada.

En 2002 el Port de Valéncia superà en volum de contenidors al de Barcelona. Com a resposta, aquell any l'Estat Espanyol donà al port de Barcelona cinc voltes més diners que al de Valéncia. En 2003 l'ampliació de l'Aeroport de Barajas s'endugué el triple de lo presupostat per a tot el Regne de Valéncia. En 2004 es derogà un Pla Hidrològic Nacional (PHN) que anava a transvasar una menuda part dels quantiosos excedents de l'Ebre als camps valencians, que es troben devastats per la sequia. Això sí, el transvàs de diners valencians cap a Aragó o La Mancha no ho deroga ningú. En 2006 l'Estatut Català s'emportà baix del braç 5.000 millons d'euros en inversions i l'Estatut Valencià ni un cèntim d'euro.

El Parc Industrial de Sagunt -que prometien que seria el més gran d'Europa- és fum de boja. Hui l'Aeroport de Manises és de joguet, el de Castelló ni tan sols té avions, Alacant té barris que quan plou s'inunden per falta d'albellons i les comarques de l'interior s'afonen en l'agonia tercermundista. Mentres, en els nostres diners financen infraestructures en Madrit, Barcelona, etc. Les taronges

---

[31] Tren d'Alta Velocitat.

marroquines mos invadixen cada volta que l'Estat vol quedar be en la dictadura alauita. Sense baixar del barco, als contenidors de taronja d'Àfrica se'ls posa l'etiqueta de producte valencià i s'exporten com a tals. Mentrimentres els agricultors han de vendre la seua terra als especuladors perque treballant el camp es moren de fam.

Mentres que la mija de deute de les autonomies és del 40% del seu presupost, ací ascendix al 89%; dels 11.000 millons d'euros de presupost destinem 10.000 a pagar interessos. El bloqueig econòmic del govern central i el balafiament del govern autonòmic porten la bancarrota. Mentres es gasten millonades en obres faraòniques i absurts parcs temàtics, es privatisa la sanitat, l'educació, la seguritat, les pensions, les caixes d'aforros... S'especula en la vivenda, es dispara l'abort i no s'arriba a final de més. Els botiguers tanquen i l'indústria tradicional es desmantella puix a qui mana sols l'interessa un país d'obrers i cambrers, una economia sense més ambició que construir chalets i servir-li les copes al britànic de torn.

Res hauria de témer econòmicament Valéncia si es convertira en una nació sobirana. Decenes de millons de turistes mos visiten deixant mils de millons d'euros, si be és cert que la major part d'eixos diners se'n va fòra de la nostra terra gràcies a les empreses espanyoles i europees del sector que tributen els seus imposts fòra de Valéncia (un atre motiu més per a independisar-mos). Igual ocorre en els ports de l'Estat, els aeroports i les grans empreses del comerç i la banca. La nostra administració colonial se deixa esprémer com una llima disfrassant de solidaritat la marginació i l'espoli fiscal que patim a mans d'un Estat que mos nega inclús que les seleccions valencianes mos representen deportivament en el món.

Pero si fórem un país independent ya no hauríem de patir estos assalts de bandoler, ni subvencionar a eixos aragonesos que mos diuen que "ni una gota d'aigua per als valencians" ni aguantar la mala educació d'alguns visitants que en ta pròpia terra et bramen: *"¡Eh tú, a mí me hablas en cristiano!"* . Ya no tindríem per qué ofrenar noves glòries a un Estat que mos apunyala per l'esquena i que afirma que els valencians parlem català. No entenc ad eixa gent que preferix viure junta i mal avinguda dins d'Espanya abans que separada i en cordialitat. Almenys, en Bèlgica quan es parla de dissoldre l'Estat en Flandes i Valònia ningú amenaça en traure tancs al carrer. Es nota la diferència entre la civilisació i el Tercer Món.

8.4. EL SAGNANT ESPOLI FISCAL.

Mos espremen com a taronges. Espanya somet a Valéncia a un espectacular espoli fiscal. Segons les senyes de les balances fiscals de 2005 i publicades en 2008 pel Ministeri d'Economia i Facenda, Valéncia és la tercera autonomia que més diners aporta a l'Estat en relació al seu Producte Interior Brut (PIB). Concretament l'Estat mos arrebatà en 2005 el 6,32% del nostre PIB. Sols mos superen Catalunya (en un 8,70%) i Illes Balears (14,20% del seu PIB) (vore document 8.4.1.).

Quan mos queixem d'espoli, sempre ixen espanyolistes que afirmen que cal ser solidaris en les demés terres d'Espanya. I yo em pregunte si alguna volta ho han segut elles en mosatros. També diuen que els que paguen els imposts no són els territoris sino les persones. I és veritat. Per això, a continuació examinarem la situació econòmica no del territori valencià, sino dels treballadors i pensionistes que en ell viuen. I demostrarem que patim un atrac a mà armada en tota regla.

Som els tercers que més paguem. Esta aportació podria ser justa si s'adequara a la nostra riquea. És dir, som els tercers que més paguem perque també som els tercers que més cobrem. Pero això no es correspon en la realitat. Segons publicà en 2005 l'Institut Nacional d'Estadística (INE), la renda mija dels valencians ascendix a 19.057 euros. Ocupem el dècim lloc en la classificació (d'un total de dèneu autonomies), per baix dels 20.833 € de mija d'Espanya (vore document 8.4.2.).

Segons el Ministeri d'Assunts Socials, la pensió mija de la Seguritat Social (que inclou pagues de jubilació, incapacitat permanent, viudetat, orfandat i a favor de familiars) es situà en decembre de 2005 en 559,17 euros mensuals per als valencians. Novament per baix de la mija, que alcançà els 611,68 euros mensuals. Si en salari ocupàvem el lloc 10 (de 19 autonomies) en les pensions mos afonem directament fins al lloc 15 d'un total de 19 autonomies (vore document 8.4.3.).

Aixina, es donen situacions com esta: Valéncia (10m lloc en sòu, 19.057 €), Aragó (7m lloc en sòu, en 22.403 euros); Valéncia (15nt lloc en pensions, 559,17 €), Aragó (8u lloc en pensions, en 629,12 €). ¿El resultat? Valéncia li ha de pagar a Aragó. Aportem a l'Estat un 6,32% del nostre PIB i Aragó rep de l'Estat una cantitat equivalent al 1,83% del seu PIB. ¿Lo millor? La solidaritat d'Aragó cap a mosatros: "Ni una gota d'aigua per als valencians". El riu Ebre és només seu.

8.4.1. BALANCES FISCALS. ÒPTICA DE FLUIX MONETARI. SALDO SOBRE EL PIB (SENYES DE 2005 I PUBLICADES EN 2008).

Lloc	Territori	Saldo sobre el seu PIB autonòmic
1	Melilla	+ 33,97%
2	Ceuta	+ 28,56%
3	Extremadura	+ 17,78%
4	Astúries	+ 14,33%
5	Galícia	+ 8,19%
6	Castella i Lleó	+ 7,57%
7	Cantàbria	+ 5,03%
8	Andalusia	+ 4,53%
9	Castella-La Mancha	+ 3,54%
10	Aragó	+ 1,83%
11	Canàries	+ 1,60%
12	La Rioja	+ 0,66%
13	Euskadi	- 1,35%
14	Múrcia	- 2,13%
15	Navarra	- 3,18%
16	Madrit	- 5,57%
17	Valéncia	- 6,32%
18	Catalunya	- 8,70%
19	Balears	- 14,20%

FONT: Ministeri d'Economia i Facenda i Institut d'Estudis Fiscals.

Balears, Catalunya i Valéncia són per eixe orde les tres autonomies que més contribuïxen (en relació al PIB autonòmic) al sosteniment de l'Estat. Concretament, l'Estat Espanyol mos arrebatà als valencians el 6,32% de la nostra riquea. Per davant de mosatros, tan sols trobem a Catalunya (a la que li lleven un 8,70%) i a Balears (li lleven el 14,20% del seu PIB). Som els tercers que més paguen pero... ¿som també els tercers que més cobren? A continuació comprovarem que no.

8.4.2. PIB PER CÀPITA DE LES AUTONOMIES D'ESPANYA (SENYES DE 2005).

Lloc	Territori	PIB anual per càpita (en euros)
1	Madrit	27.279
2	Euskadi	26.515
3	Navarra	26.489
4	Catalunya	24.858
-	Unió Europea	23.400
5	Balears	22.947
6	La Rioja	22.548
7	Aragó	22.403
-	Espanya	20.833
8	Cantàbria	20.554
9	Castella i Lleó	19.782
10	Valéncia	19.057
11	Canàries	18.879
12	Ceuta	18.860
13	Astúries	18.533

14	Melilla	18.304
15	Múrcia	17.322
16	Galícia	16.870
17	Castella-La Mancha	16.314
18	Andalusia	16.100
19	Extremadura	14.051

FONT: Institut Nacional d'Estadística.

Tan sols sèt autonomies estan per damunt de la mija espanyola, calculada en 20.833 euros per a 2005. Cap d'elles és Valéncia. D'eixes sèt inclús hi ha quatre que tenen una renda superior a la mija de l'Unió Europea de 25 membres. Els espoliats treballadors valencians tenen una renda per càpita anual de 19.057 euros. Estem en la posició 10 (d'un total de 19). Som els tercers per a pagar pero els dècims a l'hora de cobrar. No obstant, la preocupant situació salarial no s'acaba ací.

La convergència dels valencians en els seus veïns europeus en térmens de renda per habitant avança tan espai que és la més lenta de tota Espanya entre 2000 i 2005, segons el Balanç Econòmic Regional difòs en 2007 per la Fundació de Caixes d'Aforros (Funcas). La renda mija dels valencians alcançava el 87,16% de la renda mija dels veïns de l'Unió Europea en 2000. Cinc anys més tart, el 88,9%. Una millora de només 1,74%, la més baixa de totes les autonomies de l'Estat.

8.4.3. PENSIÓ MIJA DE LA SEGURITAT SOCIAL (SENYES DE DECEMBRE DE 2005).

Lloc	Territori	Pensió mija mensual (en euros)
1	Euskadi	770,82
2	Astúries	742,75
3	Madrit	728,86
4	Navarra	683,01
5	Ceuta	674,68
6	Cantàbria	635,68
7	Catalunya	631,15
8	Aragó	629,12
9	Melilla	622,65
-	Espanya	611,68
10	Castella i Lleó	590,14
11	La Rioja	583,31
12	Canàries	574,35
13	Andalusia	564,65
14	Castella-La Mancha	559,82
15	Valéncia	559,17
16	Illes Balears	553,12
17	Múrcia	540,79
18	Extremadura	516,10
19	Galícia	509,08

FONT: Ministeri d'Assunts Socials.

La pensió mija de la Seguritat Social, que comprén les distintes classes de pensió (jubilació, incapacitat permanent, viudetat, orfandat i a favor de familiars), alcança els 611,68 euros mensuals de mija en l'Estat. De les dèneu autonomies que hi ha en Espanya, mos hem d'anar fins al lloc número quinze per a trobar als valencians. La nostra pensió mija és de 559,17 euros. Som dècims en el sòu i dècim quints en les pensions, pero a l'hora de pagar ho fem com els tercers més rics.

8.4.4. L'ESPOLI FISCAL: CONCLUSIONS.

Yo sempre he segut partidari de la solidaritat. Pero esta ha de ser bidireccional. Perque si tu li fas més de trescents favors a un amic i quan necessites una cosa d'ell et dona l'esquena... puix resulta que no és amic teu, sino un profitós que tan sols et busca per a la conveniència. I ahí no hi ha una relació de solidaritat, sino de parasitisme. No té cap sentit ser solidari en qui no ho vol ser en mosatros. Els valencians som molt bons, pero recordem que qui és dos voltes bo és bo-bo.

Quan mosatros hem necessitat alguna cosa d'Espanya no l'hem tinguda. De fet, en acabant de la riuada que assolà el Cap i Casal en 1957 els valencians es varen haver de pagar la reconstrucció de sa pròpia bojaca. I hui encara hi ha víctimes de la Pantanada de Tous de 1982 que no han cobrat les indemnisacions... O si l'hem tinguda ha segut pijor i més tart que uns atres... Per eixemple el TAV arribà a València en 2010, vint anys despuix que els sevillans, que el gogen des de l'any 1990.

Això per no parlar de la situació hidrològica. Els aragonesos són contraris a fer qualsevol transvàs d'excedents de l'Ebre a València. Em pareix *be*. Pero llavors ¿per qué hem de fer mosatros un transvàs de diners cap a Aragó? Els hipòcrites mos diuen que lo que mos cal és una "nova cultura de l'aigua". ¡Com si els camps es regaren en cultura! Be, pero en eixe cas que s'apliquen ells una "nova cultura de la finançació" i que deixen d'escurar-mos la bojaca com les sangoneres que són.

Som dècims en salari, dècim quints en pensions pero tercers en pagar. Açò no es diu solidaritat, sino atrac a mà armada. Ara imagina que esta situació de 2005 es repetira durant 300 anys. Perque esta és la situació real de la nostra economia. Des de 1707 portem tres sigles de saqueig, de vore cóm els diners se'n van fòra. És normal que en acabant de 300 anys de furtar-mos estigam aixina de mal. Cal triar: o l'independència o la bancarrota. Espanya mos necessita pero mosatros ad ella no.

8.5. LA GRAN ESTAFA DE SER ESPANYOL.

No sols mos espolien als treballadors, sino que també es produïx una salvage fuga de capitals des de Valéncia en direcció a la Meseta fonamentalment. En l'excusa de que tots som espanyols, moltes empreses que estan guanyant diners a costa dels seus clients valencians, a l'hora de pagar imposts decidixen fer-ho en Madrit o Barcelona. En les pròximes pàgines vorem cóm de les 35 empreses més destacades d'Espanya tan sols una paga imposts en Valéncia i 34 opten per fer-ho fòra.

8.5.1. ALGUNES ACLARACIONS PRÈVIES.

A continuació el llector podrà examinar algunes de les senyes del Ibex 35 (la bossa a on cotisen les 35 empreses més importants d'Espanya[32]). El llistat d'indústries data del

---

[32] Parlem de les trentacinc empreses que més valen en bossa. Hi ha alguns negocis importantíssims (per eixemple Mercadona o El Corte

dia 4-2-2008 perque és precisament en este dia quan debuta en el Ibex 35 l'única gran empresa en domicili en el Regne: Iberdrola Renovables[33] [34]. En el pas del temps algunes ixen del Ibex i unes atres entren en substitució: sempre en funció de que la capitalisació d'un negoci estiga entre les 35 més altes de l'Estat[35].

La capitalisació és el valor d'una empresa en la bossa. La capitalisació puja o baixa depenent de les fluctuacions del

Inglés) que no estan en el mercat bursàtil senzillament perque no volen estar pero que per facturació, número d'empleats i beneficis són encara més grans que moltes de les multinacionals que cotisen en el Ibex 35.

[33] Iberdrola Renovables entrà en el Ibex 35 el 4-2-2008. En aquell moment tenia el seu domicili en Madrit. Uns mesos més tart, la multinacional decidí traslladar-lo a Valéncia, a proposta del president d'Iberdrola, Ignacio Sánchez Galán. Esta empresa -una de les líders mundials en el sector de les energics renovables- estava ubicada en el carrer Menorca número 19 planta 13 del Cap i Casal. Finalment Iberdrola Renovables es fusionà en la seua matriu, Iberdrola, el 8 de juliol de 2011. Aixina va desaparéixer del Ibex 35 l'única empresa del selectiu que tributava en el Regne. Ara Iberdrola Renovables constituïx el negoci de renovables de la seua matriu, Iberdrola, que tributa en Bilbao.

[34] Actualment Bankia és l'única empresa valenciana que cotisa en el Ibex 35. Debutà en el selectiu espanyol el 3-10-2011 en substitució, curiosament, d'Iberdola Renovables. Bankia és el banc que naixqué en 2010 de la fusió de sèt potents caixes d'aforros: Caja Madrid, Bancaixa, Caja de Canarias, Caja de Ávila, Caixa Laietana, Caja Segovia i Caja Rioja, i té la seua sèu social en el carrer Pintor Sorolla 8 del Cap i Casal. No obstant, el 9-5-2012 Bankia fon nacionalisada per l'Estat Espanyol a causa del ruïnós estat dels seus contes. És possible que quan siga sanejada en diners públics se subaste, per lo que l'empresa podria ser absorbida per un atre banc en nefastes repercussions per a Valéncia.

[35] Les empreses que estan en bossa en Espanya cotisen fonamentalment en el Mercat Continu (que és la Bossa de Madrit). Els trentacinc negocis en la capitalisació més alta del Mercat Continu formen part

mercat i se computa en mils d'euros. Per eixemple la corporació Abertis valia en 2007 un total de 14.070.526 mils d'euros. És dir, que per a saber lo que val realment hauríem de multiplicar la sifra en qüestió per mil (14.070.526 x 1000=14.070.526.000). La capitalisació d'Abertis arribava en 2007 a catorzemil setanta millons cinccents vintissismil euros.

Hem posat la capitalisació de les distintes empreses del Ibex 35 dos anys consecutius (2007 i 2008). I ho hem fet per a que el llector es puga fer una idea aproximada de lo que valdria una empresa en un any de bonança (2007) i en un de crisis (2008). De finals de 2007 a finals de 2008 quasi tots els negocis han perdut un 50% de valor. Lo normal és que la majoria d'anys siguen positius, encara que de tant en tant es produïxen cracs bursàtils com el de l'octubre negre de 2008.

La senya que més mos interessa és el domicili, que és la sèu central d'una empresa. Una factoria (per eixemple Repsol) pot tindre el seu negoci distribuït per tot l'Estat. Pot estar venent gas i gasolina a valencians, andalusos, riojans, vascs... pero ha de tindre el seu domicili en alguna ciutat concreta (en este cas, Madrit). El domicili social és molt important perque és a on se tributen els imposts[36]. Ademés, la majoria de servicis auxiliars se solen contractar en empreses de la zona.

---

del selectiu espanyol: el Ibex 35.

[36] El domicili fiscal (és dir, el lloc a on tributes els imposts) coincidix en el domicili social, sempre que en este estiga efectivament centralisada la seua gestió administrativa i la direcció dels seus negocis. En la pràctica és fàcil fer-los coincidir, per lo que una empresa pot tindre la seua activitat en Illes Canàries i el seu domicili social -i fiscal- en Madrit.

8.5.2. IBEX 35: COMPOSICIÓ, CAPITALISACIÓ I DOMICILI (SENYES DE DECEMBRE DE 2008).

Núm.	Empresa	Capitalisació de 2007 (en mils d'euros)	Capitalisació de 2008 (en mils d'euros)	Domicili
1	Abertis	14.070.526	8.446.146	Barcelona
2	Abengoa	2.187.557	1.067.542	Sevilla
3	Grupo ACS	14.344.293	10.950.497	Madrit
4	Acerinox	4.367.385	2.891.391	Madrit
5	Acciona	13.780.818	5.655.950	Alcobendes (Madrit)
6	BBVA	62.815.962	32.457.413	Bilbao
7	Bankinter	4.980.795	2.561.190	Madrit
8	BME	3.896.485	1.537.690	Madrit
9	Banesto	9.241.534	5.554.085	Madrit
10	Cintra	5.593.236	3.024.571	Madrit
11	Criteria CaixaCorp	17.386.140	9.348.834	Barcelona
12	Endesa	38.485.639	30.280.311	Madrit
13	Enagás	4.772.298	3.714.705	Madrit
14	FCC	6.711.169	2.969.986	Barcelona
15	Grupo Ferrovial	6.749.539	2.746.384	Madrit
16	Gamesa	7.780.731	3.099.641	Vitoria
17	Gas Natural	17.919.997	8.637.600	Barcelona
18	Grifols	3.283.330	2.622.829	Barcelona
19	Iberdrola	51.934.917	32.715.197	Bilbao

L'Estat Valencià

20	Iberdrola Renovables	23.865.967	12.883.398	Valéncia
21	Iberia	2.858.726	1.887.144	Madrit
22	Indra	3.049.583	2.657.306	Alcobendes (Madrit)
23	Inditex	26.192.343	19.528.941	Arteixo (Corunya)
24	Corporación Mapfre	6.848.726	6.587.597	Majadahonda (Madrit)
25	OHL	2.014.942	871.421	Madrit
26	Banco Popular	14.220.561	7.389.830	Madrit
27	REE	5.849.075	4.869.720	Alcobendes (Madrit)
28	Repsol	29.764.651	18.435.038	Madrit
29	Banco de Sabadell	9.069.941	5.820.000	Sabadell (Barcelona)
30	Santander	92.501.046	53.959.901	Santander
31	Sacyr Vallehermoso	7.571.323	1.942.642	Madrit
32	Telefónica	106.067.092	74.574.194	Madrit
33	Técnicas Reunidas	2.447.127	1.029.045	Madrit
34	Telecinco	4.318.699	1.862.146	Madrit
35	Unión Fenosa	14.073.138	16.205.893	Madrit

FONT: Borsa Madrit.

8.5.3. L'IMPARABLE FUGA DE CAPITALS.

No cal ser un expert en economia ni un gran matemàtic per a donar-se conte de que són molts els mils de millons d'euros que mouen les trentacinc principals empreses que cotisen en la bossa espanyola. Inclús en un any de crisis com 2008, les sifres són d'escàndal. Ara be ¿a on van a pagar els imposts eixes 35 grans? Puix 22 tributen en Madrit, 6 en Catalunya, 3 en Euskadi, i finalment 1 en Andalusia, Valéncia, Galícia i Cantàbria. Els valencians no eixim massa ben parats.

És curiós: una empresa que està guanyant diners a costa dels seus clients valencians paga imposts en Madrit. Pero clar, és normal, perque *com tots som espanyols*, com tots som el mateix Estat, a eixa empresa li és igual tributar ací o allà. I lo normal es que instale el seu domicili en la capital del Regne d'Espanya, per ser Madrit el centre polític i de negocis de l'Estat. De 35 empreses que estan enriquint-se a costa dels valencians, només una paga imposts en Valéncia i 34 ho fan fòra.

Estes són les ventages de ser espanyol. Imaginem per un instant que Valéncia fora un país independent, al marge d'Espanya. ¿Qué ocorreria? Puix que eixes 35 grans empreses haurien hagut de tindre forçosament el seu domicili en alguna localitat valenciana. Ya no bastaria que tributaren en Madrit, perque Espanya seria un país estranger. També haurien de tributar ací. Aixina, Repsol hauria de pagar imposts a Valéncia igual que li paga a Argentina, Equador, Bolívia, etc.

Pero clar, això no passa. Perque com els valencians *som espanyols* puix ya mos podem donar per satisfets en que Repsol pague imposts en Madrit. O en que Repsol contracte empreses auxiliars en Madrit. D'esta manera els valencians ya mos trobem *representats*. Sent espanyols conseguim que únicament una empresa de 35 pague tributs en la nostra terra. Si fórem independents, les 35 haurien de pagar a la Facenda Valenciana... si és que volen tindre clientela en el nostre país, clar.

Lo del Ibex és una mera anècdota. Hi ha moltes més indústries que cotisen en bossa[37] (Cepsa, NH Hoteles...), que se lucren a costa dels valencians pero que paguen imposts fòra. I molts negocis que no estan en la bossa perque no volen (El Corte Inglés, Eroski...) i en els que passa tres quarts de lo mateix. Inclús empreses que estan instalades ací (Grupo Boluda, Ford...) pero que a l'hora de la veritat compren un despaig en el centre de Madrit per a ubicar el seu domicili allà.

8.6. EL NACIONALISME REDENTOR.

Potser algun llector pense que darrere de la meua forma de pensar hi ha una certa hispanofòbia o antiespanyolisme. Pero no hi ha gens ni mica d'això. Ans al contrari, és precisament la valencianofòbia, l'antivalencianisme dels espanyols lo que em fa pensar que no mos volen dins d'eixe Estat si no és per a aprofitar-se de mosatros. No tindria inconvenients en ser espanyol si se me respectara com a valencià. Pero quan els teus propis *compatriotes* et posen català en les escoles o preferixen que els quantiosos excedents de l'Ebre es perguen en la mar i se'ls beguen els peixets abans que cedir-mos-els per a aliviar la pertinaç sequia que devasta els camps valencians, et dones conte que no té sentit pertànyer a este absurt país.

Espanya és el problema, Valéncia la solució. Si estem malament és per la mentalitat espanyolista dels valencians,

---

[37] En el Mercat Continu Espanyol.

que fa que pensem sempre en l'interés general d'Espanya abans que en l'interés particular de Valéncia. Espanya, a la que sempre hem segut lleals, mos ha traïcionat i s'ha aliat en el catalanisme, al que pretén acontentar regalant-li la nostra terra en la vana esperança de calmar sos anhels separatistes. L'espanyolisme no sols no és el nostre aliat contra el catalanisme, sino que és un aliat del catalanisme contra el valencianisme. De fet, tots els seus mijos (partits polítics, empreses, prensa...) van sempre en la direcció de dinamitar l'identitat valenciana i regalar-li als catalans el nostre cap servit en fritera de plata.

És més, tot el virus catalaniste que s'inocula en la nostra terra és a través de partits espanyolistes, que són simples manats dels interessos de Madrit. Per això yo passe d'Espanya i ara ofrene noves glòries a Valéncia. Perque si mosatros no defenem lo nostre ningú ho farà. Espanya és un engendre grotesc a on el que més brama és el que té la raó i a on el que més escopinya en la bandera més privilegis obté; un país que es riu de qui es sent espanyol i premia als que abjuren de ser-ho. Espanya es carcalleja dels regionalismes pero tremola quan vascs i catalans arboren el separatisme. Tristament, és l'únic camí per a guanyar el seu respecte. No en llealtat, sino en traïció, desaires i puntellons. Només aixina l'Estat et tracta be.

U dels grans motius pels quals cal l'independència és per ser l'única forma de preservar la llengua i cultura pròpies. I per ad això necessitem d'un Estat a on els valencians no sigam una minoria, sino la majoria. A pesar del mestiçage en els castellans i de la comuna base cultural occidental (els valors judeocristians, grecollatins i de la Revolució Francesa i Americana), les diferències culturals que mos separen dels espanyols són notables. Tenim festes, tradicions, folclor, gastronomia, economia i idiosincràsia pròpies. Ells són tan malfaeners que inclús les planures les tenen totalment abandonades, mentres que mosatros tenim treballades i cultivades inclús les montanyes. Pero tot es perdrà si permetem que sa identitat substituïxca la nostra a poc a poc.

Si el valencià es considera dialecte del català és en part per estar en Espanya. Bosni, servi, croat, montenegrí, islandés, noruec, suec, ucranià, bielorrús, armeni, urdu... Tots ells considerats dialectes antigament i elevats a la categoria de llengua gràcies a tindre un Estat propi que els dona soport. I si hui el català no és considerat un dialecte del llemosí és gràcies a que el primer es parla en Espanya i el segon en França. Lo mateix podem dir del gallec i del portugués, dos idiomes distints en existir una frontera per mig. Ab un Estat propi ya no hi hauria raó per a cedir a les órdens de Madrit ni als chantages de Barcelona. No tindria sentit parlar de dialecte. El valencià seria un idioma nacional en totes les de la llei.

També des del punt de vista militar la nostra pertinença a Espanya és més un contratemps que una ventaja. Potser alguns pensen que eixim beneficiats per estar en un Estat fort que conta en un eixèrcit modern. Pero el sol fet d'estar en Espanya mos convertix en objectiu preferent de la banda terrorista ETA i fa nostres els conflictes territorials que l'Estat manté en Marroc o Gran Bretanya. És molt difícil que algú invadira una Valéncia independent; primer, perque hui fer una guerra és tan car que costa més que els beneficis que es puguen obtindre de la victòria i segon, perque vivim en un context democràtic com Europa Occidental, on nacions molt més menudes que la nostra viuen en total tranquilitat i pau.

Pero la gran raó per la qual advoque per l'independència és per estar fermament convençut de que és l'única -repetixc, l'única- forma de que els valencians pugam viure tranquils, pugam viure en pau. Sense punyalades per l'esquena de ningú. Vullc viure en un país normal, en una societat normal, a on puga alçar-me pel matí i comprar la prensa sense haver de preguntar-me quina serà la nova humiliació a les senyes d'identitat dels valencians que llegiré hui. Vullc viure en un país que no insulte als valencians, ni els espolie, ni que massacre l'idioma valencià, ni que mos use com moneda de canvi. Vullc una nació a on un llibre com este no existixca, perque realment no faça falta escriure'l. Vullc que mos deixen en pau.

I això mai ho conseguirem mentres hajam de conviure dins d'un mateix Estat en catalans i castellans. M'és igual que es diga Espanya, països catalans o X. La convivència en ells és impossible. 300 anys d'opressió i chantage són bona prova d'això. Els catalans, en l'excusa d'una suposta unitat llingüística, arriben a dir que la Llonja és gòtic català o Joaquim Sorolla el gran pintor de la catalanitat (encara que res tinga a vore l'idioma en l'art). La seua voracitat és total. Ho volen tot. Els castellans són capaços de viure ací 50 anys i encara desigen prohibir el valencià. És llamentable. Són 300 anys de conflictes i açò no canviarà mai. O els valencians mos dotem d'un Estat propi o esta gent acabarà per borrar-mos del mapa.

Ells són aixina, van a per mosatros i no van a parar fins que mos destruïxquen per complet. Fins que sigam o Catalunya del Sur, una sumissa i lacayesca terra al dictat de Barcelona, o la Castella Valenciana; eixe *Levante feliz* a on poden vindre els madrilenys com qui es passeja per la seua finca. No mos van a deixar en pau mai... Fins que no posem una bona frontera de per mig. Ab un Estat propi no sols salvaguardaríem la nostra llengua i cultura, sino que mos blindaríem contra intromissions de fòra. Ya no mos utilisarien més com a moneda de canvi. Ya no tindria importància lo que diguera la Real Acadèmia Espanyola (RAE), Madrit, Barcelona... Perque dins de la nostra nació no tindrien potestat per a fer res.

De totes les terres que vol anexionar-se el nazisme català, Andorra és en la que menys s'insistix sempre, la que més voltes cau del mapa de l'entelèquia que és els països catalans. No és casualitat que Andorra siga l'únic territori afectat ab un Estat sobirà. I el control polític que desplegaria Espanya sobre un Estat Valencià independent seria el mateix que eixercix sobre Portugal: cap. Espanya mos somet a un genocidi cultural, i per tant un valencià orgullós de ser espanyol és com un judeu orgullós de l'Alemanya nazi o un negre orgullós de la Suràfrica del *Apartheid*. Igual que israelites i palestins -o servis i croats- no poden conviure dins d'un Estat comú, tampoc valencians, castellans i catalans podem fer-ho.

Només un nacionalisme redentor pot salvar-mos de la dominació política, l'explotació econòmica i la substitució llingüística i cultural que tan salvagement patim els valencians en les nostres carns. Perque el nacionalisme, quan s'enfronta a un atre nacionalisme més fort que l'oprimix, fa un paper de lliberació. Tota la fam, tota la misèria moral i tot el càncer pancatalaniste provenen de l'Estat: és com un virus que s'ha inoculat en la nostra societat i contra el qual el valencianisme deu ser la primera llínea de defensa. Espanya és un erro tràgic de la nostra història. Tanquem-li les portes per a sempre... i que el seu recort es difumine entre les generacions futures com un malensomi que no degué ocórrer mai.

9. MOTIUS PER A CREURE

"El perjuí que li sobrevé a la Nació Valenciana d'estar subjecta a l'Estat Espanyol és l'anulació de tota la seua vida essencial per l'imposició centralista d'unes lleis, d'una ensenyança, d'una cultura i d'una llengua estranyes que li ofeguen l'expressió de la seua inqüestionable personalitat".
Josep Maria Bayarri (escritor).

9.1. PRECEDENTS DE L'ESTAT VALENCIÀ.

El primer rei de Valéncia documentat fon el visigot Leovigilt, en el sigle VI -abans es creïa que els reis Mudafar i Mubarak crearen el Regne moro de Valéncia en 1009-. I el rei Jaume I el reconquistà per al cristianisme en 1238. Els nostres Furs foren defesos fins a la mort per patriotes com Francesc de Vinatea o Lluís Blanquer. El primer, un Jurat en Cap que en 1333 plantà cara al rei Alfons III el Benigne, qui volia desmembrar el Regne de Valéncia. El segon l'últim Jurat en Cap de la nostra història, que veu com el rei Felip V de Borbó exterminava a Valéncia com a regne independent en 1707.

No mos podem oblidar tampoc de les revoltes de Germanies contra un orde social injust instigades per patriotes eixits del poble pla com Joan Llorenç, Vicent Peris o el misteriós *L'Encobert*. O Vicent Doménech *El Palleter* qui fon el primer en alçar el seu crit llibertari de revolta contra l'invasió del dictador francés Napoleó Bonaparte. La qüestió és que sempre ha segut este un poble noble, fidel i lleal i per això sempre mos hem trobat en veïns que mos han volgut avassallar. Per tant, la millor vacuna que podem tindre front a les injustícies és conéixer l'història per a amar al nostre poble.

El nacionaliste valencià Gaetà Huguet professava "l'amor a la nostra terra i l'odi africà al centralisme, convençut de que d'ell brollen lo decaïment de la nostra raça i l'anèmia moral del nostre poble". També criticà el pancatalanisme, una idea que considerava "no solament humiliant, sino que destructora dels més cars dels nostres ideals. Si ella, contra lo que esperem, prenguera cos en Valéncia, los de Castelló nos faríem independents; i la combatríem fins a quedar-ne u dels nostres". Huguet volia una Valéncia "sense l'humiliant tutela de castellans i catalans" portant d'estandart la nostra llengua.

Siga ab visigots, musulmans o cristians sempre hi hagut un continuum nacional del Regne de Valéncia a lo llarc de l'història. I no em puc oblidar de tants atres intelectuals que han defés l'autonomisme i la llibertat per a la nacionalitat valenciana tals com Faustí Barberà, Josep Giner, Nicolau Primitiu, Miquel Adlert, Julià San Valero, Francesc Almela i Vives, Federic Feases, Chimo Lanuza, Carles Recio... Per la sanc dels nostres antepassats, per la llibertat dels nostres fills, sigam l'estela dels patriotes d'ahir, de hui i de sempre si volem tornar a ser la nació lliure que fórem un dia.

9.2. EL PARTIT REPUBLICÀ DEMOCRÀTIC FEDERAL I L'ESTAT VALENCIÀ DE 1904.

¿S'imaginen vostés que els diputats valencians del Partit Socialiste Obrer Espanyol defengueren hui transformar Espanya en una república federal dins de la qual figurara un Estat Valencià? ¿I que dins d'eixe Estat es garantisara que la sobirania recaiguera en el poble valencià (i no en l'espanyol com ocorre ara); l'indissoluble unitat del territori valencià; la supressió de les províncies i la reordenació del nostre mapa a través de comarques; l'eliminació de les Diputacions provincials de la mà de la creació d'un Congrés i un Senat valencians i inclús el naiximent d'un eixèrcit valencià propi?

Este proyecte, que hui pareix tret d'una película de ciència ficció, estigué prop de ser una realitat. L'escritor Carles Recio mos conta[38] que en 1904 diversos representants valencians del Partit Republicà Democràtic Federal (PRDF) es reuniren per a redactar i firmar un proyecte de Constitució Valenciana ab unes competències tan ambicioses com les descrites anteriorment. En aquella época el republicanisme federal somiava en fer d'Espanya una gran federació en la qual pogueren integrar-se, si aixina ho desijaven, Portugal i les antigues colònies. L'eixemple a seguir era els Estats Units.

El PRDF no fon un partit ultraminoritari ni tampoc una colla de fanàtics, sino una formació històrica que arribà a tindre un president d'Espanya, Francesc Pi i Margall, qui, per cert, resultà ser un bon català puix reconeixia l'existència del valencià i mallorquí com a llengües independents i diferenciades de la catalana. Per motius històrics sobradament coneguts, el règim republicà no pogué tindre continuïtat. Pero ¿qué haguera passat si finalment la República haguera perdurat? Possiblement en l'actualitat Espanya seria una república federal en un Estat Valencià sobirà i autònom dins d'ella.

Ab el soterrament de la República, el somi d'un Estat Valencià quedà guardat en el calaix dels oblits. Ya no té massa sentit elucubrar hipòtesis sobre qué haguera passat o deixat de passar. Pero per a la posteritat quedarà que els representants valencians d'un partit polític que arribà a ostentar la governació d'Espanya reclamaren un Estat sobirà per al nostre poble. I per a més inri, aquella Constitució

---

[38] En el seu llibre *De nació valenciana*. Pàgs. 165-172.

sobiranista fon redactada en la ciutat d'Alacant, tan refractària hui a sumar-se a qualsevol proyecte autonomiste que faça olor a valenciania o que simplement intente vertebrar la nostra pàtria.

9.3. JOSEP MARIA BAYARRI I L'ESTAT VALENCIÀ DE 1922.

L'escritor Josep Maria Bayarri és a sovint considerat el pare de l'independentisme valencià modern. En 1922 escrigué un llibre titulat *Catecisme ètnic de la pàtria valenciana* -que permaneix inèdit a dia de hui[39]- a on afirmà: "Independència d'una Nació és l'eixercici del dret natural que tenen les Nacions a regir-se i governar-se". "L'independència d'una Nació se fa efectiva per la possessió d'un Estat propi". "Un Estat és l'organisme encarregat de proveir les necessitats de la Nació respectiva". "La Nació Valenciana ara no té el seu Estat nacional reconegut puix està subjecta a l'Estat Espanyol".

Josep Maria Bayarri tenia ben clar que calia recuperar la situació anterior a 1707, ab un Estat Valencià sobirà: "La Nació Valenciana ha tingut el seu Estat nacional, reconegut per les Nacions, i per això aquells temps foren els de major progrés de la civilisació valenciana". "El perjuí que li sobrevé a la Nació Valenciana d'estar subjecta a l'Estat Espanyol és l'anulació de tota la seua vida essencial per l'imposició centralista d'unes lleis, d'una ensenyança, d'una cultura i d'una llengua estranyes que li ofeguen l'expressió de la seua inqüestionable personalitat". Independentisme pur i dur en ple 1922.

---

[39] Pero coneixem alguns fragments gràcies a la tesis doctoral de Carles Recio *Josep Maria Bayarri. El nacionalisme valencià*. Pàgs. 423-441.

"L'afany dels valencians se deu orientar al reconeiximent general de la personalitat de la Nació Valenciana, i a la consecució de l'Estat nacional valencià per tots els mijos possibles". Bayarri ho tenia molt clar: "La Nació dels valencians és Valéncia, o siga, la Nació Valenciana". "¿Té Valéncia totes les característiques de Nació? Valéncia té totes les característiques de Nació, puix té un territori, un idioma, una religió, un art, un dret, unes costums, una sicologia, història i tradició peculiar i distintives". Bayarri parlava clar i ras. Era irreverent i polèmic, pero anava en la veritat per davant.

I és que si algú apostà de veritat per l'independència de la Nació Valenciana fon l'escritor Josep M. Bayarri, qui plantejà la teoria del supremisme, que filosòficament consistia en ser catòlic i nacionaliste. En resum, Deu i Pàtria. Era la seua particular visió del nacionalisme valencià. Bayarri era optimiste i afirmava que "és possible la restauració de l'Estat Valencià ya que és de dret natural, i uns atres pobles ho estan obtenint". Encara que els seus escrits permaneixen inèdits els coneixem gràcies als valiosos estudis que ha realisat l'escritor valencià Carles Recio[40]. El somi de Bayarri continua viu.

9.4. HEINEKEN I L'ESTAT VALENCIÀ DE 1992.

El multimillonari empresari holandés Freddy Heineken no només fon un gran home de negocis i el flamant president de l'empresa cervesera més famosa del món -a la qual el seu llinage dona nom-, sino que ademés fon també un declarat europeiste i un apassionat de les cultures. En 1992 publicà un panflet titulat *Els Estats Units d'Europa ¿una eurotopia?*

---

[40] D'imprescindible llectura: *De Nació Valenciana* i *Josep Maria Bayarri. El nacionalisme valencià*. Els dos de Carles Recio.

en la que proponia una Europa federal -els Estats Units d'Europa- composta per dotzenes de chicotets Estats europeus (la majoria d'ells d'entre uns 5 i 10 millons d'habitants), en una història comuna, una cultura pròpia i una homogeneïtat ètnica.

A principi dels 90 hi hagué una forta eclosió de nacionalismes en Europa que va donar pas a una vintena de nous Estats despuix de la desintegració de l'Unió Soviètica, Yugoslàvia i Checoslovàquia. També en 1992 se firmà el Tractat de Maastrich que significava el pas d'un mercat comú exclusivament econòmic com la Comunitat Econòmica Europea (CEE) a un ambiciós proyecte polític com l'actual Unió Europea (UE). Heineken pensà que eixa explosió de noves nacions-Estat d'Europa Oriental podia traslladar-se a tot el continent i ajudar al temps a forjar una gran aliança de pobles.

L'idea era que seria més fàcil construir una gran nació europea si es componia d'Estats menuts que no perderen el temps competint entre ells per l'hegemonia de la UE com fan els grans. Els actuals Estats europeus són massa menuts per als assunts internacionals i massa grans per a la vida del dia a dia. Per tant, calia construir una gran superpotència europea que a nivell exterior abordara els reptes internacionals en garanties i que a nivell interior estiguera composta per Estats menuts que acostaren l'administració al ciutadà i formaren una unió molt més equilibrada al tindre tots un tamany molt paregut.

Heineken, inspirat potser per pensadors com Leopold Kohr o Friedrich Meinecke, dividí el mapa europeu en 75 Estats de chicotetes dimensions. Per supost no era més que una proposta i la reordenació territorial resultava, en alguns casos, prou discutible. Pero la qüestió és que dins d'eixe mapa figurava un Estat Valencià sobirà, independent i diferenciat d'Espanya i de Catalunya. Heineken sabia be que el nostre poble té identitat pròpia. Més allà d'esta eurotopia, hui l'idea de l'Europa dels pobles té cada volta més seguidors. Quí sap si arribarà el dia en que els valencians tingam veu i vot en Europa.

9.5. EL PRECEDENT DE KOSOVO.

La declaració d'independència de Kosovo respecte de Sèrvia el 17 de febrer de 2008 marcà un punt i a banda en el dret internacional: per primera vegada en tota l'història la comunitat internacional acceptà la secessió unilateral d'un territori no colonial en temps de pau. Eixa gran nació que és els Estats Units d'Amèrica s'ha passat lliberant pobles oprimits per la tirania des de que naixqué en 1776. I novament tornà a fer honor a l'apelatiu de país de les llibertats per apadrinar el naiximent de Kosovo. Pero Sèrvia portà el cas de Kosovo front al Tribunal Internacional de Justícia de La Haya.

La sentència del 22 de juliol de 2010 del Tribunal de La Haya fon realment una victòria històrica per a la democràcia: la declaració unilateral d'independència d'un territori és un acte polític, no un de jurídic, per lo que, d'acort al dret internacional, no pot ser considerada illegal. En dita sentència el Tribunal afegí que l'inviolabilitat i intangibilitat de les fronteres d'un Estat és sempre respecte de l'exterior (és dir, que un país no deu invadir a un atre), pero permet que, a nivell intern, es puguen modificar les fronteres d'un Estat, per eixemple a través de la secessió d'alguna de les seues regions.

Per supost, els espanyolistes ya s'han afanyat a dir que el cas de Yugoslàvia i Espanya no són comparables, que

Kosovo no és Catalunya, que es tracta d'un cas a banda que no té per qué repetir-se en el futur en uns atres Estats. Això és lo que diuen ells, clar, no lo que diu la sentència del Tribunal. Perque este te diu que no és illegal que un territori se separe de forma unilateral del país al que pertany. Evidentment que Espanya no és Sèrvia (si no, serien un país en lloc de dos), pero en cap moment este cas ha de ser una estranya singularitat excepcional que no puga repetir-se en el futur.

No pot haver una llei per a Kosovo i una atra distinta per al restant del planeta. La justícia o és igual per a tots o no és justícia per lo que la sentència val per a tots. Kosovo assenta un precedent jurídic mai vist abans. Perque esta sentència obri les portes de bat a bat a moltíssims pobles oprimits: Flandes, Escòcia, Còrsega, Euskadi, Valéncia... Els que creem en l'autodeterminació i en la democràcia, en l'Europa dels pobles i en la llibertat, tenim molt que agrair a Estats Units d'Amèrica, al Tribunal de La Haya i a l'èpic poble kosovar. La seua pírrica victòria és tot un raig d'esperança per a millons.

9.6. LES PUNTES DE LLANÇA.

Soc plenament conscient de que el sentiment independentiste en Valéncia és molt minoritari. Si els preguntem als valencians, se senten majoritàriament espanyols. D'una atra banda, també és cert que cada volta hi ha menys valencians perque dels cinc millons d'habitants de lo Regne, en torn a un milló es compon d'estrangers, i entre aragonesos, manchecs i andalusos i els seus descendents directes possiblement tingam dos millons més. Aixina i tot, una Valéncia independent no és impossible. Coses més rares s'han vist, com per eixemple que Israel, en acabant de 2.000 anys, torne a existir.

Per a independisar-se no cal un milacre, cal un referent que imitar. Existixen algunes nacions, a les que denomine punta de llança, que òbrin la porta de la llibertat a unes atres i que arrosseguen inclús a les que en un principi eren reticents a separar-se. És, per dir-ho d'alguna manera, la flama que encén la mecha de la dinamita, la mistera que li bota foc a un bosc sancer. Per eixemple, Estats Units fon la punta de llança que excità a l'emancipació de les pàtries americanes. Un atre cas fon Veneçuela, la primera ficha d'un dòmino que hauria de tombar a un Imperi Espanyol a on mai es ponia el sol.

En temps més recents Lituània s'ha destacat com la punta de llança que inicià el desmembrament de l'Unió Soviètica. Al final inclús les repúbliques més prosovietiques, com Bielorrússia, acabaren imitant-la. En Yugoslàvia la punta de llança fon Eslovènia, que arrossegà a totes les demés, inclús a Montenegro, que un principi rebujà independisar-se i una década més tart s'ho pensà millor. Ara, de fet, als montenegrins els va tan be que es lamenten de no haver-se separat abans. El precedent jurídic de Kosovo per descontat que serà una atra punta de llança llibertària que invocaran molts pobles.

D'igual forma, Euskadi i Catalunya poden actuar com a autèntiques puntes de llança que ferixquen de mort l'Estat Espanyol ya que la seua secessió iniciaria un efecte contagi sobre unes atres nacions de l'Estat. Si els vascs i catalans s'independisen, en este país del café per a tots nomenat Espanya en uns anys podem vore a Galícia, Canàries, Navarra, Valéncia o Balears fer les mateixes reclamacions. Sobretot si veuen que a un Euskadi i Catalunya independents els va millor econòmicament estant fòra d'Espanya. I res mos fa pensar lo contrari puix en la minúscula Andorra la gent viu de cine.

10. LA REPÚBLICA DEMOCRÀTICA DE VALÉNCIA

"El poble que guarda la seua història i
sa llengua té la clau de la seua llibertat".
Jean-Jacques Rousseau (filòsof).

10.1. ELS QUATRE PILARS DE LA NACIÓ.

Valéncia deu aspirar a una nació políticament lliure, socialment justa, econòmicament rica i espiritualment cristiana[41]. Eixos són els quatre pilars sobre els que deu assentar-se la pàtria. Una nació políticament lliure goja d'independència, dispon de sobirania plena que recau en el poble, i és identitària i culturalment patriota, és dir, valenciana i valencianista. A la calor dels fonaments de la socialdemocràcia i democristianisme europeus cal construir un Estat centralisat i fort que vertebre tot el país i el dote de cohesió nacional de Vinaròs a Pilar de la Foradada i d'Ademús a Cullera. Cal construir una societat que albergue lo millor; de dretes en lo econòmic, d'esquerres en lo social, cristiana en lo moral i valencianista en lo cultural. Valéncia deu adoptar una democràcia forta i participativa en separació radical de poders llegislatiu, eixecutiu i judicial, llistes obertes, màxima transparència i férreu control sobre els polítics. La sobirania i la llibertat són patrimoni del poble pla.

---

[41] El nacionaliste català Francesc Macià volia una Catalunya políticament lliure, socialment justa, econòmicament pròspera i espiritualment gloriosa.

L'Estat Valencià

Es promourà la justícia social per a protegir als treballadors de l'indefensió i la misèria en la que el capitalisme salvage els ha afonat, per a la qual cosa alguns principis del socialisme s'afegirien a la promoció de la lliure iniciativa individual i el dret a la propietat privada típics del lliberalisme i, per un atre costat, a certs principis lliberal-democràtics com l'igualtat de drets concedida a tots els ciutadans sense cap distinció de naiximent, raça, sexe, religió, opinió o qualsevol atra condició o circumstància personal o social, o la supremacia del poder civil sobre el militar. És un deure moral enrobustir la justícia social i l'Estat del benestar, que tindran com a màxim exponent una sanitat i una educació públiques i excelents; una Seguritat Social que atenga als desempleats, els pensionistes o les persones discapacitades; un sistema redistributiu que vele per les persones més desfavorides i pobres; i l'accés a la vivenda digna. L'aigua deu ser un be públic i mai privat.

Tan important o més que la llengua és l'economia ya que quan un poble es percep més ric que els veïns, desapareixen els complexos d'inferioritat i es robustix l'orgull nacional. Valéncia té en el turisme la seua principal font d'ingressos, i una ampla experiència en el sector servicis, la banca, el comerç i la construcció, aixina com també en sectors decadents com ara les indústries tradicionals, agricultura, peixca o ganaderia. Un decidit compromís pel capitalisme deu continuar en una política d'imposts baixos per a captar inversions estrangeres; una educació de qualitat que forme professionals altament qualificats; les fonts d'energies renovables que substituïxquen als combustibles fòssils; i l'aposta per la ciència, l'alta tecnologia i la superespecialisació per a fer del país una potència industrial. Cal dotar-mos d'infraestructures, conrear la productivitat, el creiximent sostenible, contindre el balafiament i buscar el superàvit comercial exportant molt més.

València deu recobrar la seua espiritualitat perque un país sense Deu és com un cos sense ànima; és dir, un cadàver. Inspirant-se en Estats Units d'Amèrica, l'Estat Valencià deu ser llaic, respectar totes les religions i promoure la separació radical d'Iglésia i Estat. La qual cosa no obsta per a que la religió puga tindre paper actiu en vida pública a través de la prensa, partits polítics o societat civil o que en els Furs figure una referència expressa a l'herència cultural i espiritual del cristianisme en l'història del nostre país. Els poders públics -a través de l'educació i dels mijos de comunicació- deuen potenciar la moral, la família, la fidelitat de parella, el dret a nàixer, els drets civils i humans o la democràcia. València deu constituir-se en un baluart de la moral a la calor dels principis de l'humanisme cristià i això deu traduir-se en lleis per a la defensa del matrimoni i de la família o el respecte a la vida humana, des de la seua concepció fins a la seua mort.

10.2. MODEL D'ESTAT.

Una de les qüestions que mos assalta a l'hora d'elucubrar un país independent és quin seria el model d'Estat. La majoria de nacions del Primer Món es decanta per la monarquia parlamentària, com Anglaterra, o la república, com Estats Units. L'historiografia mos apunta a un naiximent de València cada volta més remot en el temps, pero sempre vinculat en la corona. Primer es parlà de la fundació del nostre Regne de la mà de Jaume I el Conquistador en 1238. En acabant es creïa que els reis moros Mudafar i Mubarak crearen el Regne moro de València en 1009. I els descobriments més recents de l'arqueòlec Miquel Ramon

Martí apunten al visigot Leovigilt com a primer rei documentat de Valéncia, allà pel sigle VI.

La denominació tradicional del nostre país ha segut Regne de Valéncia. Des del seu naiximent fins a temps molt recents la nostra pàtria s'ha dit aixina. Pero a partir de l'Estatut d'Autonomia de 1982, la fractura social entre els partidaris de Regne de Valéncia i País Valencià, feu que els nostres governants traïcionaren a la nostra pàtria en pro d'una solució de consens que no ha acontentat a ningú: el nom descafeïnat i despersonalisador de Comunitat Valenciana. Pero la pròpia Constitució Espanyola de 1978 apuntava a que el nom seria "el que millor corresponga a la seua identitat històrica" (artícul 147.2[42]), més encara quan el títul de rei de Valéncia seguix existint i l'ostenta Joan Carles I de Borbó (artícul 56.2[43]).

Històricament la configuració de les Espanyes també ha segut la de varis regnes pero en un sol monarca, un grup de països independents en un sol senyor, un conjunt d'Estats sobirans en un sol cap d'Estat. Aixina, els regnes de Castella, Lleó, Navarra, Aragó, Mallorca o Valéncia, entre uns atres territoris, eren un conjunt de nacions completament independents cadascuna en les seues lleis pròpies. Tan sols a partir de la Guerra de Successió (1701-1715) el sinistre rei Felip V de Borbó suprimí els Furs de cada pàtria i les sobiranies nacionals per a unificar dins d'un sol i únic regne lo que fins aquell moment havien segut regnes diferenciats

---

[42]   Artícul 147.2.a) de la Constitució Espanyola de 1978: "Els Estatuts d'autonomia deuran contindre: a) La denominació de la Comunitat que millor corresponga a la seua identitat històrica".

[43]   Artícul 56.2 de la Constitució Espanyola de 1978: "El seu títul és el de Rei d'Espanya i podrà utilisar els demés que corresponguen a la Corona".

entre ells, i nacions totalment independents les unes de les atres.

Potser puga resultar estrany per als nostres dies pero este era el sistema més normal del món en l'Europa medieval. I encara hui perdura. De fet, la regina Isabel II d'Anglaterra és la Cap d'Estat del Regne Unit de Gran Bretanya i Irlanda del Nort, pero també ho és de Canadà, Bahames, Jamaica, Antigua i Barbuda, Barbados, Sant Cristòfol i Neus, Santa Llúcia, Sant Vicent i les Granadines, Granada, Belize, Austràlia, Nova Zelanda, Papua-Nova Guinea, Illes Salomon i Tuvalu. Setze regnes per a una sola regina. Uns atres Estats foren monarquies d'esta Mancomunitat de Regnes en el passat fins que es deslligaren de la Corona Britànica i es declararen repúbliques, com per eixemple Suràfrica, Índia i Malta.

És cert que la monarquia és una institució que sol aportar estabilitat a les nacions. Pero si Valéncia és independent algun dia no té massa sentit apostar per una monarquia. Entre atres coses perque s'hauria de buscar un nou llinage dinàstic que res tindria a vore en la sanc de Jaume I, o perque s'hauria de continuar en la tradició borbònica, lo qual supondria que els hereus de Joan Carles I de Borbó serien els monarques de Valéncia pero també d'Espanya. En este cas, haurien d'usar la llengua valenciana, jurar els Furs, sometre's a les Corts Valencianes i demanar perdó exprés i públic per la supressió de l'Estat Valencià en 1707. Contràriament, de cap de les maneres deuria autorisar-se que ostentaren la monarquia del país.

Pero açò comportaria el perill de no trencar lligams en Espanya; es transmetria l'image a Madrit de que som un apèndix seu i no tardarien en tractar de clavar els nassos ací. A l'igual que Lituània feu un tall molt radical ab Rússia, o

Irlanda ab Gran Bretanya, també mosatros hem de fer igual. En acabant de sigles de colonisació, un poble lliure deu enviar un mensage alt i clar a l'antiga metròpoli; el de que no vol saber res d'ella i que no permetrà cap ingerència. Sols aixina consolidarà el seu nou Estat. Ademés, una república és més democràtica ya que està formada per ciutadans que conten en una sobirania d'orige popular, mentres que en un regne està format per súbdits i la sobirania és otorgada pel rei al poble.

França o Itàlia han segut regnes tan importants com el nostre. I hui són repúbliques. Valéncia deu donar eixe pas al front. Aixina, apostem per la creació de la República Democràtica de Valéncia; un país a on el Jurat en Cap[44], triat pel poble en unes eleccions lliures, transparents i democràtiques actuaria com a cap de Govern i cap d'Estat tot a l'hora. Com en Estats Units, a on el president del Govern és també el Cap de l'Estat. No necessitem absurdes duplicitats com la de França, a on tenen al president de la República i també al primer ministre. És un dispendi inútil. ¿Per a qué duplicar càrrecs i balafiar diners estúpidament? Millor simplifiquem les coses: un sol càrrec, un sol salari, un sol problema. I punt.

10.3. DENOMINACIÓ OFICIAL DE L'ESTAT I SÍMBOLS NACIONALS.

La denominació oficial del nou Estat serà República Democràtica de Valéncia. Els tres conceptes són claus. República, per motius explicats en l'apartat anterior. Democràtica, perque odiem la tirania i amem la llibertat. I lo

---

[44] Jurat en Cap és el títul històric que corresponia al màxim dirigent del Govern valencià. En l'actualitat eixe càrrec es denomina president de la Generalitat; una copia mimètica a imitació del de president de la Generalitat de Catalunya.

més important de tot, el vocable de Valéncia, que deu ser un substantiu i no un mer adjectiu. Patim el nom descafeïnat i despersonalisador de Comunitat Valenciana, que -per abreviar- ha acabat convertint-se simplement en la Comunitat (no sabem si la de veïns). Per tant, no deuríem repetir l'erro en República Valenciana (a l'estil de Comunitat Valenciana), sino fer oficial República Democràtica de Valéncia. Aixina, el terme clau deu ser Valéncia (que és lo important), i no el de República, és clar.

En la Carta Magna -els Furs- figurarà el valencià com idioma independent i diferenciat del català o de qualsevol atre, la Real Senyera en sa franja coronada i l'Himne Nacional Valencià, en la seua versió nacionalista que diu "Tots baix dels plecs de la nostra Senyera" en lloc de "Per a ofrenar noves glòries a Espanya" i "nació" en lloc de "regió". L'Estat velarà per la devolució i especial protecció del nostre patrimoni històric, artístic i cultural. La Dama d'Elig ha d'estar en Elig, els papers valencians d'Archius com els de Salamanca o la Corona d'Aragó deuen ser rescatats i les obres d'artistes valencians que es troben en museus foràneus (com el del Prado o el Sorolla) hauran de tornar al seu país natal.

10.4. TRADICIÓ FORAL.

Seguint a l'escritor Carles Recio, la Ciutat i Regne de Valéncia deu retrobar-se en sa història i reinstaurar els nostres Furs[45]. D'esta forma, rescataríem l'Estament (hui malnomenat Generalitat Valenciana), la Junta de Jurats (Consell Valencià), els Jurats (consellers), Jurat en Cap (president de la Generalitat), Diputació del General

---

[45] *La Reforma Valenciana: epístola al IV president de Valéncia,* de Carles Recio.

(Conselleria de Facenda), Taula de Valéncia (Consell Econòmic i Social), Examinador d'Agravis (Síndic de Greuges), Mestre Racional (Síndic de contes), el Justícia (president del Tribunal Superior de Justícia de Valéncia), el Síndic (secretari general), el Consell (que aconsella com el seu nom indica pero que no governa), l'establiment (hui decret), el braç (grup polític), etc.

No es tracta d'un caprichós canvi de noms, sino de recuperar la memòria històrica i retrobar-mos en les nostres institucions regnícoles, començant per oficialisar ses denominacions més tradicionals, de tornar a la vida els Furs i els drets històrics de la nostra época foral defesos fins a la mort per ilustres patriotes com Francesc de Vinatea o Lluís Blanquer. El primer, un Jurat en Cap que en 1333 plantà cara al rei Alfons III el Benigne, qui volia desmembrar el Regne de Valéncia. El segon l'últim Jurat en Cap de la nostra història, que vixqué com, a partir de la Batalla d'Almansa, el rei Felip V de Borbó suprimia els Furs, exterminava a Valéncia com un Estat independent i sobirà en Europa i el món.

Els Furs deurien també fer especial menció a una série d'institucions com Acadèmia de la Llengua Valenciana (ALLV), Consell de Cultura Valenciana (CCV), Acadèmia de la Història Valenciana, totes les Reals Acadèmies en la Real Acadèmia de Cultura Valenciana (RACV) al front, el Colege Imperial de Chiquets Òrfens de Sant Vicent Ferrer, la Real Societat Econòmica d'Amics del País de Valéncia i el seu Regne, Lo Rat Penat o el Patronat del Misteri d'Elig. Segons Recio, les entitats que optaren a eixa especial distinció deurien complir dos condicions: la bondat dels seus objectius fundacionals i tindre per lo manco cent anys de vida. Les institucions merament lúdiques quedarien excloses de menció.

El dret foral valencià deu regir el país. De fet ya afecta a la vida quotidiana. Per eixemple, en les separacions i divorços la separació de bens és ara la formula predeterminada, no com abans que era la de bens de guany, pròpia del dret castellà. Pel que fa a les herències, en cas de que muiga el marit sense testar, els bens passen a l'esposa, i viceversa. En el dret castellà la transmissió era vertical i passava de pares a fills, i la parella no percebia res. Ara be, l'autèntica recuperació del dret foral passa per dotar-lo de contingut d'acort als nous temps. No es pot pretendre que el dret valencià de 1707 siga vàlit en l'actualitat sense una necessària actualisació, modernisació i adequació als temps que corren hui en dia.

10.5. LA COMARCALISACIÓ DE LA PÀTRIA.

El funest decret del polític Francisco Javier de Burgos de 20 de novembre de 1833 pel qual el Regne de Valéncia va quedar desquarterat en tres províncies és una de les més espectaculars i humiliants derrotes que Espanya mos ha infligit als valencians ya que que tan sols han servit per fabricar provincians i dividir i enfrontar al nostre poble, en uns atres temps unit. Per això les províncies deuen ser eliminades al preu que siga, aixina com les seues institucions (Diputacions, etc.) En el seu lloc, les comarques seran les divisions administratives. Això permetria una major agilisació de la burocràcia i una optimisació dels recursos, al resoldre un ciutadà les seues gestions en la capital de comarca i no en la de província com ocorre ara. Soc partidari d'una forta descentralisació administrativa en favor de les comarques i dels Ajuntaments, pero també d'un Estat

Valencià centralisat i fort des del punt de vista polític per a evitar la disgregació del nostre dividit país. Convé vertebrar la pàtria i cohesionar-la nacionalment com en son dia feren Catalunya, França o Itàlia, entre uns atres.

No mos podem permetre tindre trentaquatre comarques com ara (perque seria una despesa molt alta), pero si les reduïm a quinze o vint és prou. Cal tindre en conte que moltes de les actuals, per sa toponímia, son fàcilment fussionables (La Plana Alta i la Baixa podrien combinar-se en una única Plana i lo mateix en casos com El Maestrat, L'Horta, El Vinalopó, etc.). La comarcalisació obediria a criteris històrics, geogràfics, econòmics, llingüístics, socials, demogràfics... Una assignatura pendent és recuperar el que és el nostre penó de Gibraltar, que no és un atre que la vila de Capdet, històricament valenciana, valenciaparlant i en representació en les Corts Valencianes, i que fon separada del Regne a partir de la Guerra de Successió (1701-1715) per a incloure-la en Castella. Seguint el pas de les modernes democràcies europees, la República de Valéncia deuria dotar-se d'un Congrés i Senat propis... Les Corts ya fan el paper de Congrés. El Senat tindria un paper de representació territorial a l'estil del *Bundesrat* alemà on les nostres comarques tindrien veu i vot.

¿Quin és el paper real que deu correspondre a les nostres comarques? ¿Fins a on deuria arribar el seu poder? A l'hora de buscar referents en unes atres nacions, cal fixar-mos en l'eixemple anglosaxó dels comtats d'Irlanda, Estats Units, etc. En totes estes pàtries els comtats obeïxen més a un paper de representativitat històrica, geogràfica, cultural i social que a un poder polític o administratiu de rellevància. Al ser Valéncia una nació molt menuda no resulta imprescindible tindre una gran administració intermija entre l'Estat Valencià i els Ajuntaments. Les comarques s'encarregarien de recolzar als pobles més menuts incapaços de sostindre's econòmicament; de la gestió de servicis comuns com el de fem, neteja o sanitat i en definitiva de tota funció que superara les fronteres del municipi pero no les de la comarca. Tindrien un paper molt destacat com a circumscripcions electorals a l'hora de les votacions i en la defensa dels interessos regionals en el Senat. Pero, al remat, els grans centres neuràlgics del poder polític deuen ser els Ajuntaments i per supost, l'Estat Valencià.

10.6. LLENGUA OFICIAL.

La República de Valéncia tindrà el valencià com a únic idioma oficial en tot el seu territori. En els Furs deu figurar de forma expressa que la llengua valenciana és independent i distinta de la catalana o de qualsevol atra llengua del món, que es codificarà en les Normes d'El Puig i que l'entitat normativisadora serà la Real Acadèmia de Cultura Valenciana (RACV) o, en el seu defecte, una Acadèmia de la Llengua Valenciana (ALLV), creada expressament per a tals efectes. Inclús es podria reforçar encara més esta idea i introduir una clausula que diguera que qualsevol modificació en este punt deuria ser obligatòriament somesa a referèndum i aprovada pel poble en una consulta transparent, democràtica i neta. És molt important deixar-ho tot ben nugat puix sabem que els catalanufos sempre s'han aferrat al mínim buit llegal o als més inverosímils jocs de paraules i de malabarismes dialèctics per a tractar d'absorbir tota la nostra cultura. Aixina -per la via llegal- es tancaran totes les portes als intents anexionistes del cancerigen catalanisme que mos està invadint hui.

L'Estat Valencià

Hem vist la necessitat d'evitar a tota costa que el català siga llengua oficial ¿pero potser no deuria ser-ho l'espanyol? No. Encara que el castellà és una llengua ben arrelada en el nostre país, especialment en algunes comarques, cal recordar que és una llengua vinguda de fòra que ha segut imposta en la nostra societat per la força de les armes i que ha practicat l'opressió sistemàtica contra el nostre idioma. Ni el català ni el castellà poden considerar-se llengües pròpies. Perque el català naixqué en Catalunya[46] i el castellà en Castella. Únicament el valencià ha germinat, naixcut i evolucionat en les nostres terres. L'única llengua naixcuda en Valéncia és el valencià, per això és l'única que podem calificar com a pròpia. Totes les demés mos les han impost des de fòra els colons estrangers. Sobre oficialisar un idioma o dos, cal deprendre de les nacions ex-soviètiques, que ya es plantejaren el mateix debat. Tenim tres models: Bielorrússia, Lituània i Ucrània. En tots tres, els idiomes autòctons (bielorrús, lituà i ucranià) hagueren de conviure en la comuna llengua imperial, el rus.

El pijor dels escenaris és Bielorrússia. A pesar de la seua independència nacional, el país continua sent un satèlit de Moscou, i la seua sumissió i obediència a la metròpoli és comparable a la de les Illes Balears cap a Catalunya. L'Estat conta en dos idiomes oficials, el bielorrús i el rus. Açò comporta: Primer, que els russoparlants monolingües no s'esforcen en deprendre el bielorrús. Segon, que el rus siga l'idioma més estés (el coneix tot lo món mentres que el bielorrús només és usat per tres quartes parts de la població). Tercer, que el rus siga la llengua de prestigi que ocupa els

---

[46] Concretament en 1906, any en que es realisà el I Congrés Internacional de la Llengua Catalana a on es decidí que el català passara de ser un dialecte del llemosí a convertir-se un idioma independent.

usos formals i que condena al bielorrús als coloquials. I quart, la permanència de l'idioma dels antics opressors reforça l'idea subliminal de que Bielorrússia és com un menor d'edat que no és ningú sense la mare pàtria Rússia, a la que deu guardar respecte, veneració i obediència, com un chiquet a sa mare. Esta impressió cala en el subconscient del poble. El cas bielorrús desaconsella l'oficialitat del castellà en la República de Valéncia, per lo que de perill comportaria per al país.

Pel contrari, Lituània apostà per fer oficial únicament el lituà i tallar tot tipo de servitut cultural i política en Moscou. El professor Gabriel Bibiloni diu[47]: "Abans de l'independència Lituània estava plena de russoparlants monolingües que no es dignaren mai a deprendre ni parlar la llengua del país a on vivien. El bilingüisme forçat dels lituans els ho fea innecessari. Hui el lituà és l'única llengua oficial de l'Estat i la llengua de l'ensenyança. El rus es pot estudiar de forma voluntària, pero, naturalment, a l'hora de deprendre una segona llengua tot lo món tria l'anglés. Els menors de quinze o setze anys ya no parlen ni saben un comí de rus. Els més majors sí, òbviament. I estos tenen la generositat de parlar en rus als monolingües en esta llengua, convertits en una minoria de gent vella en camí cap a la difuminació. Ara els lituans saben qué és tindre una identitat segura, assentada damunt d'una llengua que parla tot lo món i que valora tot lo món. I deprenen anglés en plaer, sabent que és la llengua que els obri al món, i no els peculiars signes gràfics de Sant Ciril".

No obstant, la situació geopolítica que potser més es parega a la valenciana és la d'Ucrània. Eixa república està dividida en dos zones, l'occidental -que és la regió més gran i

---

[47] *Lituània, la llum*. Gabriel Bibiloni. *Diari de Balears*. 9-5-2006.

poblada i on es parla l'ucranià- i una segona regió, a l'orient -més menuda i en menys població a on els ciutadans són russòfons-. D'alguna forma este panorama es sembla al mapa valencià, en una zona costera valenciaparlant i una zona interior castellaparlant. Com Lituània, també Ucrània ho tingué clar. De cap de les maneres anava a fer oficial el rus i l'únic idioma oficial per a les dos zones seria l'ucranià. De lo contrari, s'haguera condenat a dividir la nació per sempre en dos comunitats llingüístiques antagòniques, en totes les debilitats estructurals que això comporta. De fet, Rússia tracta d'utilisar constantment als ucranians russòfils per a desestabilisar la pàtria, aixina com Espanya utilisaria les comarques valencianes de l'interior per a boicotejar el nostre país. Pero en unes generacions, quan el rus sols siga un mal recort, Ucrània podria tornar a ser la nació forta i unida que fon.

L'investigador David Harrison afirma[48]: "Els idiomes desapareixen quan una comunitat decidix que la seua llengua és un impediment social o econòmic i els chiquets són especialment sensibles a açò". La coexistència pacífica de castellà i valencià és impossible. Des de la penetració del castellà en el Regne hi hagut una calculada planificació per a aniquilar l'idioma d'Ausias March. La llengua nacional dels valencians no ha fet sino recular des del seu contacte en l'espanyol, especialment en les últimes dècades per influència de les aules i mijos de comunicació. El castellà perseguix el genocidi cultural, l'etnocidi. El bilingüisme és simplement un mit puix els únics bilingües són els valenciaparlants ya que els hispanoparlants no tenen la necessitat de saber el valencià per a viure en Valéncia. I

---

[48] *Peligro de extinción para la mitad de las 7.000 lenguas del mundo.* Efe. *El País.* 19-9-2007.

l'única manera real de que la tinguen és que siga l'únic idioma oficial. És una qüestió de mera supervivència. Sols en un Estat fort que vele dia i nit per la nostra llengua serem capaços de salvar-la. I per a obrir-mos al món, no mos cal el castellà. En saber anglés tenim prou.

10.7. SEGURITAT I JUSTÍCIA.

L'actual Policia Valenciana deu convertir-se en un cos modern, professional i potent, deu ser les forces de l'orde i seguritat del país, a l'estil dels Mossos d'Esquadra catalans o l'*Ertzaintza* vasca. La Policia Valenciana dependrà de l'Estament valencià. Junt ad ella, estaran les policies locals, dependents dels distints Ajuntaments. Aixina, l'actual Policia Nacional Espanyola i la Guàrdia Civil seran dissoltes i els seus agents incorporats a les files del cos de seguritat valencià. En cas de guerra, la Policia Valenciana podrà actuar, si les circumstàncies ho requeriren, com un cos de choc que recolzara a les Forces Armades Valencianes, és dir, com una segona llínia de flotació en la defensa militar del país.

La Justícia deu ser una obsessió de la pàtria... El Tribunal Suprem de Justícia de Valéncia serà la més alta instància judicial en la República i el Tribunal Foral Valencià el màxim garant dels Furs. És vital que hi haja una radical separació dels poders eixecutiu, llegislatiu i judicial, de tal modo que els magistrats puguen accedir al seu càrrec a través d'oposicions transparents i justes, o per votació popular -és dir, triats democràticament pel poble- pero en cap cas posats a dit pels partits polítics, perque això comporta la politisació de la vida judicial. Es crearà un Tribunal Anticorrupció que castigue duríssimament la corrupció de polítics, funcionaris o empresaris aixina com l'evasió fiscal, blanqueig de capitals, etc.

Les penes deuen anar orientades no tant a la reintegració del presoner en la societat, com de la protecció de la víctima. La Justícia deu aportar penes eixemplars que facen que els criminals s'ho pensen dos voltes abans de cometre un crim. Tan sols aixina l'índex de delinqüència descendirà i l'orde, la tranquilitat i la pau social podran regnar en els carrers. Les penes deuen tindre no tant un caràcter reparador del mal comés com un paper preventiu que impedixca que eixe mal s'arribe a cometre. Els que deuen tindre por són els delinqüents i no les persones inocents. Les penes s'han de complir de forma íntegra, cal eliminar els permissos i les reduccions de pena. Com en la salut, també ací és millor previndre que curar.

No s'acceptarà la pena de mort en cap cas, pero sí la cadena perpètua per als crims més greus. Concretament, per a tres casos. 1) Casos greus de corrupció (frau a Facenda, malversació de cabals públics, etc.). 2) Crim organisat (dictadures, colp d'Estat, terrorisme, genocidi, crims de guerra, tràfic d'òrguens, persones, armes, drogues, etc.). 3) Individus que per sa tara mental no poden arrepenedir-se ni conseqüentment reinsertar-se en la societat (sicópates, pedòfils...). Al remat, cal aplicar mà de ferro per a esclafar no tan sols el crim comú sino també l'organisat sense oblidar-me del de guant blanc. Cal tallar en tots els abusos de poder dels polítics tals com sous desorbitats, pensions de lux, i prebendes de tot tipo.

10.8. DEFENSA.

Lo idòneu en un Estat chicotet com la Valéncia independent seria adoptar una postura de neutralitat. Pero és esta una opció utòpica. Hem de dispondre d'un eixèrcit fort per a apuntalar la nostra independència. No podem perdre de vista que, si no disponguérem d'armes, Espanya o Catalunya podrien sentir-se tentades d'anexionar-se la nostra pàtria per la força. Les Forces Armades deuen garantisar la sobirania i l'integritat territorial de Valéncia, pàtria comuna i indivisible de tots els valencians. Adoptaran una clara funció de defensa front a possibles amenaces exteriors, i participaran en les missions humanitàries de la comunitat internacional per a ajudar a estendre la democràcia i la pau en distintes parts del món.

El país deu rubricar un compromís ferm en l'Organisació del Tractat de l'Atlàntic Nort (OTAN). Estar en la OTAN és, per a una Valéncia independent, l'única garantia de no ser atacada per Catalunya o Espanya. Ademés, l'aliança atlantista pot ser també l'única força de choc capaç de fer front al terrorisme internacional, a l'islamofascisme que ensomia en Euràbia i Al-Andalus, l'única en apuntalar a Israel com bastió de la civilisació occidental i primera muralla de defensa d'Europa contra les agressions del sanguinolent terrorisme islàmic. Si mosatros ajudem al sofrit poble israelita Deu mos ajudarà. Recordem la promesa del Senyor a Abraham: "Beneiré a qui te beneïxca i malairé a qui te malaïxca" (Génesis 12:3).

Al ser Valéncia un país menut, i per lo tant dèbil militarment, mos interessa tindre bones relacions diplomàtiques, militars i comercials en les grans potències, en especial Estats Units, Unió Europea, Rússia, China i Índia. Valéncia no deu moure's per ideologies, sino per interessos. ¿Quina és la nació que més mos pot ajudar? ¡Puix d'eixa cal ser amics! Un país menut deu estar a bones en l'Imperi, siga este qui siga. Per això hui cal buscar a tota costa l'aliança en Estats Units d'Amèrica, la gran superpotència mundial. Seria un erro fatal tindre en contra als nortamericans. Apostem sempre pel cavall guanyador i per ajudar a tot aquell país que mos ajude i defenga els nostres interessos, i aixina mos anirà molt be.

10.9. POLÍTICA EXTERIOR.

La política exterior valenciana deu buscar un especial víncul en els Estats que defenen la democràcia i els drets humans, i en les nacions sense Estat que reclamen el dret de decidir. A diferència d'Espanya, que té una especial vinculació cultural en Hispanoamèrica, o Gran Bretanya en les nacions angloparlants, Valéncia no té germans perque és filla única. Cal mantindre una relació d'amistat i de cooperació en tots els veïns més pròxims pero deixant molt clar que dita relació només pot basar-se en el respecte mutu i que mai podrà anar més allà de ser bons veïns. Mos convé ser un poble tancat i molt zelós de lo seu perque sempre que mos han propost germanors ha segut per a aprofitar-se de mosatros i mos ha anat mal.

La funció més urgent de la nova república deuria ser establir relacions diplomàtiques en tots els Estats, en especial en aquells que recolzaren l'independència de la nostra nació. Deu crear-se una ampla xàrcia d'embaixades i consolats per tot lo món; especialment en aquelles pàtries en les que tingam una especial relació política (Estats Units, Unió Europea, França, Alemanya, Gran Bretanya, Rússia, Israel...), social (Espanya, Portugal, Catalunya, Marroc, Mèxic, Equador, Veneçuela, Brasil, Argentina...) o econòmica (China, Índia, Japó, Aràbia Saudita, Algèria...). A nivell d'ents de caràcter internacional, cal estar presents en l'Organisació de Nacions Unides (ONU) i en les principals institucions del món.

Capítul a banda mereix l'Unió Europea (UE); una Valéncia independent deuria abandonar la UE urgentment ya que -pel nostre tamany- mai mos serà possible defendre els nostres interessos dins d'un macroestat europeu. La UE ajudà a Espanya a modernisar-se pero al preu de sacrificar l'agricultura valenciana. L'euro ha afonat als valencians en la pobrea més desoladora; no controlar les fronteres mos ha comportat haver d'engolir-mos una llau de delinqüents i captadors vinguts d'Europa de l'Est als que no podem fer fòra, i damunt les decisions que afecten a la nostra economia són preses en Brusseles. Per si fora poc, ara mos hem d'acostumar a la nova realitat de sostindre en els nostres imposts a Europa de l'Est.

Per als valencians, poble molt europeiste, resultaria de difícil comprensió abandonar la UE. Pero la realitat és que a mida que es deteriore el nivell de vida dels ciutadans, l'euroescepticisme creixerà per tot el continent. Pel que es pot vore, les directrius de la nova Europa passen per un progressiu desmantellament del sistema del benestar, la privatisació de l'educació i la sanitat, la prolongació de la jornada laboral a 65 hores semanals[49], la precarietat dels sous, el ninguneig de la ciutadania, la consolidació d'una casta parasitària de polítics i funcionaris malfaeners i el

---

[49] Els ministres de Treball de l'Unió Europea aprovaren el 10 de juny de 2008 en Luxemburc la proposta de la presidència eslovena que permetrà elevar la semana laboral vigent, de 48 hores, fins a 60 en casos generals i 65 per a certs colectius com els meges. L'Organisació Internacional de Treballadors (OIT) aprovà en 1917 una jornada laboral màxima de 48 hores semanals. El nou horari supondria un retrocés social enorme puix no es treballava tant des del sigle XIX.

dèficit de la democràcia. Esta Europa aspira a convertir-se en una dictadura disfrassada de democràcia, arropada pel capitalisme més salvage i cruel.

En la UE no cal posar els peus; sols és bona per als que la tenen com a substitut de l'antic imperi (França o Alemanya) i per als que viuen de la subvenció (Polònia, Romania o Bulgària). Pero eixes ajudes es paguen acceptant polítiques contràries als interessos del país pero que convenen a Brusseles. Hem d'explicar a la gent que no cal la UE per a viure be; ahí estan Islàndia, Noruega, Suïssa, Mónaco... Serà més fàcil defendre l'Estat del benestar fòra de l'Unió que dins d'ella. Lo únic que necessitem és un tractat de lliure comerç per a vendre els nostres productes a Europa sense aranzels. Res més. Les lleis antisocials i la llau dels immigrants, se les pot quedar Brusseles... A mosatros no mos fan falta per a res.

11. CONCLUSIONS

"L'idioma és de qui ho parla, per a be o per a mal".
José Saramago (Premi Nobel de Lliteratura de 1998).

11.1. L'IRRENUNCIABLE DRET A SER LLIURES.

"Tots els pobles tenen el dret de lliure determinació. En virtut d'este dret establixen lliurement la seua condició política i proveïxen aixina mateix al seu desenroll econòmic, social i cultural". Aixina està arreplegat el dret d'autodeterminació en el Pacte Internacional de Drets Civils i Polítics adoptat per l'Assamblea General de l'Organisació de Nacions Unides (ONU) el 16 de decembre de 1966. És este un dret humà bàsic i fonamental de tots els pobles, avalat inclús per la comunitat internacional. En este sentit apostar per l'independència no és cap utopia, sino tornar als nostres orígens, a les nostres arrels, a l'época més dorada de la nostra existència. Entre els sigles VI i XVIII el Regne de Valéncia fon un Estat sobirà, un país independent, una nació lliure i a això és a lo que hem d'aspirar a tornar a ser algun dia.

Tinc els peus en terra, soc un home realiste i no m'agrada fer castells en l'aire. Soc conscient de que l'independentisme en Valéncia té una base social minoritària. Pero a llarc determini qualsevol cosa pot passar. Aquells que consideren que una República Democràtica de Valéncia és una utopia impossible d'atényer veuen només la situació present i no es fixen en el passat. Si ampliem les nostres mires a un context històric major que la tristíssima situació del dia a dia mos donarem conte de que durant la major part de l'història, el Regne de Valéncia fon un Estat sobirà. Des de Leovigilt, primer rei valencià en el sigle VI, fins a l'actualitat han transcorregut quinze sigles, dels quals durant els dotze primers el nostre Regne -baix l'ègida visigòtica, musulmana o cristiana- fon independent i tan sols en els últims tres ha deixat de ser-ho.

Tampoc tenen en conte que Espanya experimenta un procés accelerat de dissolució. Els nacionalismes són cada volta més forts en Euskadi, Catalunya, Galícia i Canàries. I cada vegada hi ha més gent jove que clama per l'autodeterminació de Valéncia, Balears o Andalusia entre uns atres pobles; es tracta de grupúsculs, és cert, pero no és menys veritat que fa uns pocs decenis ni tan sols existien. No es tracta de cap anècdota, sino de la constatació d'una tendència social que, encara que lentament, no para d'aumentar: cada volta hi ha més *espanyols* que volen deixar de ser-ho. El separatisme social i cultural sempre és previ al polític. Aixina ocorregué en l'Unió Soviètica, Yugoslàvia o Checoslovàquia abans de que passaren al femer de l'història. I els distints pobles que componen l'Estat Espanyol ya es troben separats a dia de hui.

L'historiador Friedrich Meinecke ya diferencià clarament entre nacionalisme polític i cultural[50]. Hui la majoria d'autors distinguix entre una nació política, que en l'àmbit jurídic-polític, és el subjecte polític en el que residix la sobirania constituent d'un Estat, i una nació cultural, que és un poble diferenciat de les societats del seu entorn per determinades característiques culturals. Estes poden ser l'ètnia, la llengua, la religió, tradició, història comuna, l'assentament geogràfic, etc.; tot lo que pot ser assumit com una cultura distintiva, conformada històricament. Potser Espanya encara siga una

---

[50] *Cosmopolitisme i l'Estat-nació* de Friedrich Meinecke assentà les bases de dos conceptes distints: la nació política i la nació cultural. Es tracta sense dubte del llibre que més influït en els nacionalismes europeus del nostre temps. Impossible de trobar no sols en valencià, sino inclús en espanyol, per a major glòria dels nostres editors.

nació política -un Estat sobirà- pero des del punt de vista sociològic ya és un conjunt de vàries nacions -de pobles- que es contemplen com a estrangeres, que desconfien les unes de les atres i que s'enfronten perpètuament entre sí.

Ademés, des de la caiguda del Mur de Berlín ha naixcut més d'una trentena de nacions lliures. I el reconeiximent de l'independència unilateral de Kosovo implica un precedent jurídic per a molts pobles oprimits que somien en la llibertat. ¿És una utopia que Valéncia torne a ser independent algun dia? Potser. Pero també ho era que Israel es dotara d'un Estat propi dosmil anys més tart de que el seu país fora suprimit. O que Ucrània o Lituània es deslligaren del poderós abraç de l'orso rus. O que Montenegro, sempre lleal a Sèrvia, acabara abandonant-la. L'independència d'Euskadi o Catalunya podria ser un terremot devastador per a les fronteres estatals. L'efecte contagi podria estendre's com una taca d'oli i més encara en Espanya, país del "café a per a tots", a on basta que u conseguixca alguna cosa per a que la reclame tot lo món.

El futur està per escriure. I hi ha motius per a l'esperança. Flandes, Valònia, Escòcia, Gals, Còrsega, Bretanya, Véneto, País Vasc... Són molts pobles els que lluiten per espolsar-se les cadenes de l'esclavitut i escriure el seu futur en llibertat. El concepte de l'Europa dels pobles -a on cada nació cultural aspira a una nació política per a preservar la seua identitat- és una idea que cobra força dia a dia front a l'Europa dels Estats. El crit llibertari viaja per tots els continents del món: Quebec, Groenlàndia, Santa Cruz, Tahití, Rapa Nui, Sàhara Occidental, Darfur, Sudan del Sur, Palestina, Taiwan, Tíbet... Per al filòsof Leopold Kohr un món d'Estats menuts acabaria en l'opressió i la tirania. Els valencians tenim dret a un Estat sense lloc per a l'espanyolitis i la catalanitis que estan matant-mos. Independència: només aixina podrem viure en pau.

Els valencians sempre hem segut lleals a Espanya i esta sempre mos ha traïcionat. Les fellonies més greus: el 25 d'Abril de 1707, a on la derrota en la Batalla d'Almansa comportà l'extermini dels Furs i del Regne de Valéncia com un Estat sobirà; el Decret de Francisco Javier de Burgos de 20 de novembre de 1833 pel qual el Regne de Valéncia és desquarterat en tres províncies que tan sols han servit per fabricar provincians i dividir al poble; el dictamen de l'Acadèmia Valenciana de la Llengua (AVL) de 9 de febrer de 2005 que proclama que valencià i català són un sol idioma; i la reforma estatutària de 11 d'abril de 2006 a on el president de la Generalitat Valenciana, Paco Camps, -un autèntic emissari dels interessos de Madrit- introduïx dins de l'Estatut la AVL (és dir, el català). És hora de tallar per lo sà.

Sempre ha segut igual: en el sigle XVIII, XIX, XX o XXI, ab la monarquia i ab la república, ab la dictadura i ab la pseudodemocràcia, ab la dreta i ab l'esquerra, en majoria simple i en l'absoluta... Valéncia sempre ha segut lleal a Espanya i Espanya sempre l'ha recompensada en traïcions infames. En tot moment i lloc, en tota circumstància... sempre mos han venut. I no és just. Espanya està tractant a Valéncia com si fora una bagassa que se subasta al millor postor. Els valencians ofrenem noves glòries a Espanya i mentres l'Estat va venent tota la nostra cultura a Barcelona. I no van a parar fins que li entreguen el nostre cap servit en fritera de plata al nazisme català, perque l'espanyolisme no sols no és un aliat nostre contra el catalanisme, sino que és un aliat del catalanisme en contra de Valéncia, de sa cultura i del seu poble.

Josué Ferrer

L'independentisme és la millor aposta per a un poble que vol ser lliure i amo del seu futur. Sols l'independència mos pot salvar de la dominació política, l'explotació econòmica i la substitució llingüística i cultural que patim els valencians. Espanya no és una nació sino un conjunt de nacions i ademés mal avingudes entre sí. No té sentit que els valencians convixcam dins del mateix Estat junt a catalans i castellans. És com juntar dins d'un sol país a israelites i palestins, a hutus i tutsis, a servis i croats. L'infinitat de guerres civils, dictadures, colps d'Estat i chantages que hem patit a lo llarc d'estos tres últims sigles prova que la convivència pacífica entre mosatros simplement no és possible. Ha arribat l'hora d'oblidar-mos d'Espanya i començar a ofrenar noves glòries a Valéncia. De lo contrari, mos borraran de l'història i del mapa.

El vol del corp se sent per tot el planeta; l'intangibilitat de les fronteres ha passat a l'història i ha arribat l'hora d'assistir al funeral dels Estats que encara actuen com autèntiques masmorres de nacions. Es patix i es patirà fins que no es derribe l'últim barrot, fins que l'últim poble de la Terra siga realment lliure. Pero no tot és trist. Junt a les campanes que toquen a mort, també hi ha motius de goig: és temps de batejos puix el naiximent de noves nacions lliures és imparable. Els pobles oprimits de tot lo món s'òbrin pas a colzades derribant els murs que els empresonaven; dinamitant en el pes de l'història i en la força de la raó els ciments d'anquilosats d'Estats carcelaris; entonant el seu esgarrat cant d'esperança -com feen antigament els esclaus negres- front a uns Estats opressors que els han somés per la sarpada salvage de les armes.

La pesta que és Espanya toca a la seua fi. Un enorme maremot independentiste s'aproxima a les seues costes i cal aprofitar-lo. Vents de llibertat s'aproximen... Ya és hora d'issar les veles i traure la barca a la mar. Cal lluitar per l'independència, per la República Democràtica de Valéncia. No cal ser Jaume I, Francesc de Vinatea o el *Palleter* puix tot aquell que s'alce contra les cadenes de l'opressió, l'injustícia i la tirania, tot valencià que ame sa pàtria, que tinga ideals i renuncie a l'egoisme pot ser Jaume I, Vinatea o el *Palleter*. Somie en una nació de prosperitat i democràcia, en un horisó de llibertat a on els nostres fills puguen créixer en pau. Espanya és un erro tràgic de la nostra història. Tanquem-li les portes per a sempre... i que el seu dolorós recort es difumine entre les generacions futures com un malensomi que no degué ocórrer mai.

Josué Ferrer.
En Alzira, Valéncia i Valéncia, Veneçuela.
Juliol de 2007 a setembre de 2008
i ampliat en març de 2009.
Actualisat fins a octubre de 2012.

BIBLIOGRAFIA

Llibres.

-Arana, Sabino. *La patria de los vascos*. Haranburu Editor. San Sebastián, 1996.

-Borjas, George J. *A les portes del cel*. Proa. Barcelona, 2008.

-Calero, Francisco. *Juan Luis Vives, Autor Del Lazarillo De Tormes*. Ajuntament de Valéncia. Valéncia, 2006.

-Herzl, Theodor. *El Estado Judío*. Prometeo Libros. Buenos Aires, 2005.

-Huntington, Samuel P. *El choque de civilizaciones y la reconfiguración del orden mundial*. Paidós. Barcelona, 1997.

-Huntington, Samuel P. *¿Quiénes somos? Los desafíos a la identidad nacional americana*. Paidós. Barcelona, 2004.

-Kohr, Leopold. *The breakdown of nations*. Green Books. Totnes (Devon, Inglaterra), 2001.

-Martí Matias, Miquel Ramon. *Visigodos, Hispano-romanos y bizantinos en la zona valenciana en el siglo VI (España)*. BAR Publishing. Oxford, 2001.

-Martí Matias, Miquel Ramon. *Una fundación de Valencia (Hispania). Antítesis de la tesis actual*. BAR Publishing. Oxford, 2005.

-Meinecke, Friedrich. *Cosmopolitanism and the National State*. Princeton University Press. Princeton, New Jersey, 1970.

-Recio, Carles. *De Nación Valenciana*. Confluència Valenciana. Valéncia, 1999.

-Recio, Carles. *La Reforma Valenciana: epístola al IV presidente de Valéncia*. Associació Cultural Castell dels Sorells. Albalat dels Sorells, 2001.

-Recio, Carles. *Josep Maria Bayarri. El nacionalismo valenciano*. Ajuntament de Valéncia. Valéncia, 2006.

-Stiglitz, Joseph E. *El malestar en la globalización*. Taurus. Madrid, 2002.

-V.V.A.A. *Santa Bíblia (versión Reina-Valera 1960)*. Sociedades Bíblicas en América Latina. México, 1960.

-V.V.A.A. *Convención de Viena sobre la Sucesión de Estados en materia de tratados de 1978*. https://www.dipublico.org/3374/convencion-de-viena-sobre-la-sucesion-de-estados-en-materia-de-tratados-1978/

-V.V.A.A. *Els Quatre evangelis (versio Alminyana-Edo)*. Amunt el Cor. Valéncia, 1984.

-V.V.A.A. *Biblia de referencia Thompson Edición Milenio*. Editorial Vida. Miami, Florida, 1987.

-V.V.A.A. *Constitución Española de 27 de diciembre de 1978*. Biblioteca Nueva. Madrid, 1997.

-V.V.A.A. *Estatut d'Autonomia de la Comunitat Valenciana*. Generalitat Valenciana. Valéncia, 2006.

<u>Artículs.</u>

-Albacete, J. *Un incendio provocado. De Verdad*. Maig de 2001.

-Amiguet, Lluís. *"La inmigración da dinero a los ricos y se lo quita a los pobres". La Vanguardia*. 4-6-2008.

-Bibiloni, Gabriel. *Lituània, la llum. Diari de Balears*. 9-5-2006.

-Bloomberg. *El milagro irlandés pierde su aureola. Clarín*. 20-7-2003.

-Efe. *Peligro de extinción para la mitad de las 7.000 lenguas del mundo. El País*. 17-9-2007.

-Huntington, Samuel P. *The Clash of Civilizations? Foreign Affairs*. Estiu de 1993.

-Olivares, Miguel. *La renta de los valencianos es la que menos se acerca a Europa desde 2000. El País*. 16-1-2007.

-Ordóñez, Anjel. *Un mundo de consultas para solucionar conflictos. Gara*. 19-10-2007.

-Ordóñez, Isabel. *Los salarios de los españoles, diez años en el congelador*. www.forumlibertas.com 15-12-2007.

-Sostres, Salvador. *Parlar espanyol és de pobres. Avui*. 7-4-2005.

-Sostres, Salvador. *La cosa hispana*. www.salvadorsostres.com .1 de setembre de 2007.

-TBA. *¿La desarticulación paso a paso? De Verdad*. Juliol de 2007.

-Tannock, Charles. *Russia and the Kosovo card. Project Syndicate*. Setembre 2007.

-V.V.A.A. *Quebec sovereignity: a legitimate goal*. www.rocler.qc.ca/turp/eng/Intellectuals/Intel.htm.1999.

<u>Internet.</u>
www.20minutos.es
www.bolsamadrid.es
www.elmundo.es
www.elpais.com
www.elpalleter.com
www.funcas.ceca.es
www.ief.es
www.ine.es
www.lasprovincias.es
www.lavanguardia.es
www.levante-emv.com

www.libertaddigital.com
www.minutodigital.com
www.meh.es
www.mtas.es
www.racv.es
www.strangemaps.wordpress.com
www.uiquipedia.org
www.valenciafreedom.com
www.valenciahui.com
www.wikipedia.org

<u>Més prensa.</u>
-Món Actual Ràdio. Radio 93.1.
-*Som*.

Primera edició:
-El present llibre s'acabà d'escriure en 2008;
any en que Estats Units reconegué
l'independència de Kosovo,
Rússia la d'Ossètia del Sur i Abjàsia,
i Dinamarca el dret d'autodeterminació de Groenlàndia-.

Segona edició:
-La segona edició de L'Estat Valencià es publicà en 2012;
el mateix any de l'independència d'Azawad,
un any en acabant de la de Sudan del Sur
i dos des de que el Tribunal de La Haya
reneguera la de Kosovo-.